U0001790

關於種族創傷，亞裔美國人的少數者感受

我受傷，故而我存在

MINOR FEELINGS

AN ASIAN AMERICAN RECKONING

洪朴凱西
CATHY PARK HONG

葉佳怡——譯

獻給梅瑞特（Meret）

目次

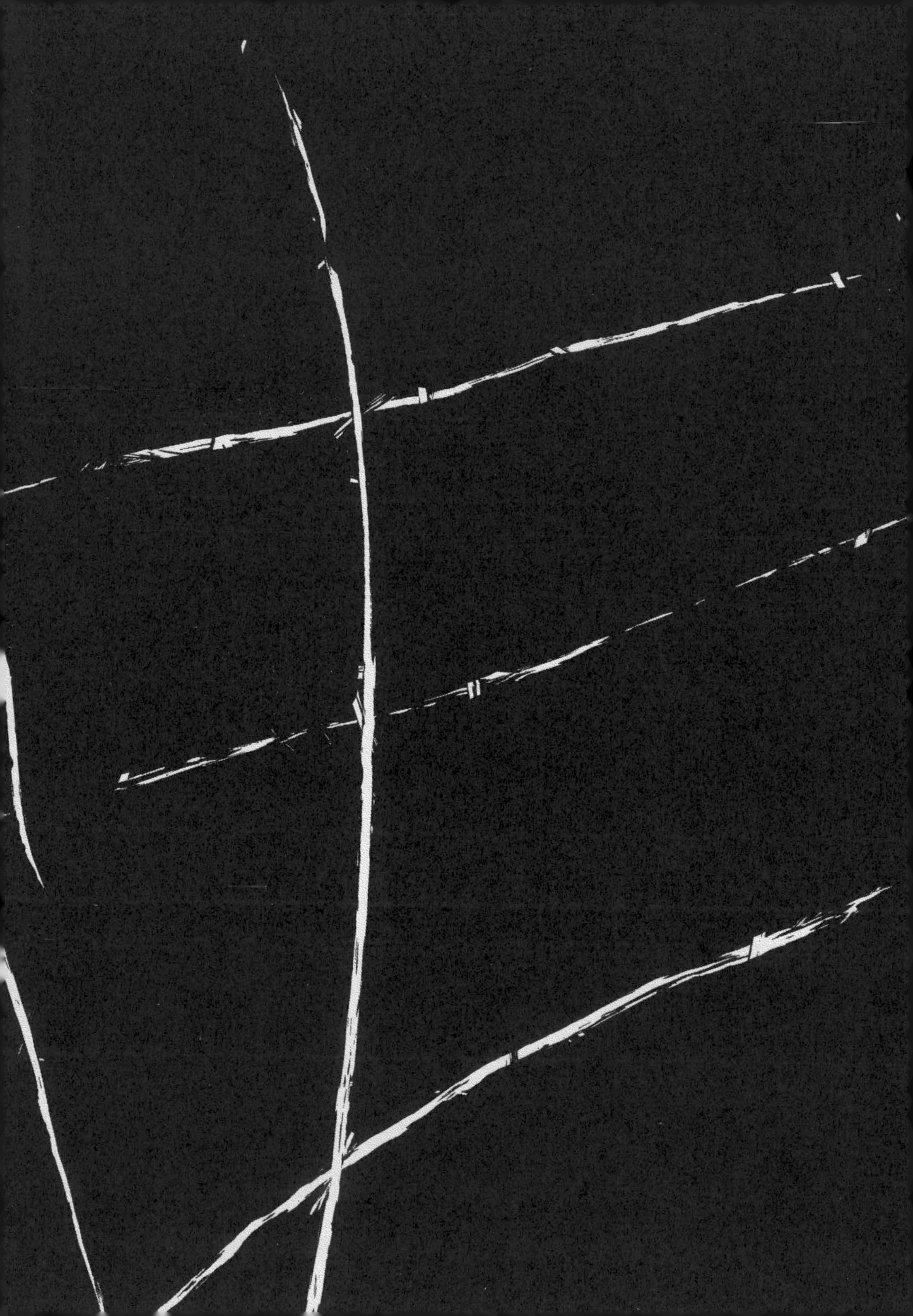

一致
UNITED

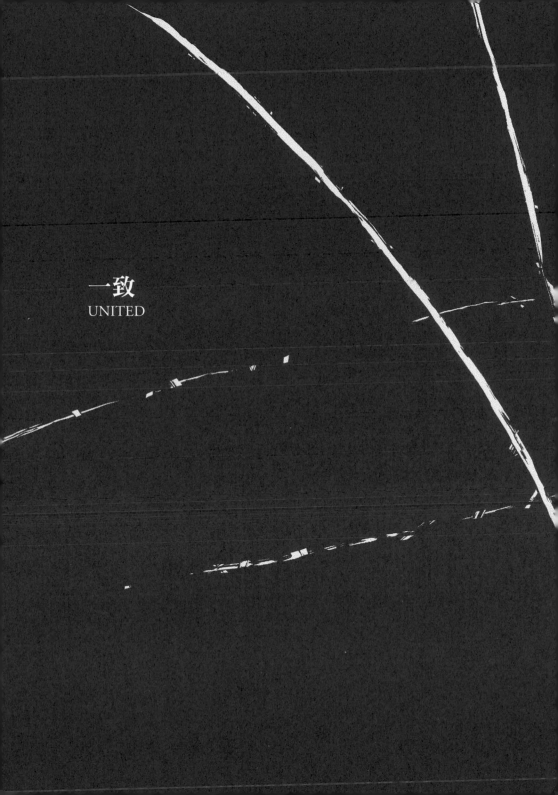

我的憂鬱症是由一種想像出來的抽搐揭開序幕。

我會連續一小時瞪著鏡子，等待我的眼皮開始抽動或嘴角開始震顫。

「你有看到我在抽搐嗎？」我問我丈夫。

「沒有。」

「這下有看到我在抽搐了吧？」我問我丈夫。

「沒有。」

「這下有看到我在抽搐了吧？」我問我丈夫。

「沒有！」

在大概二十多歲的時候，我的右眼皮是真的有抽搐問題，這個問題後來還蔓延到臉部右側肌肉，導致我的眼睛有時會被擠壓成卡通人物「卜派」的瞇眼模樣。我發現我得了一種罕見的神經肌肉病症，正式名稱是半邊顏面神經痙攣，原因是我耳朵後方的兩條腦神經交纏在一起。二〇〇四年，當時的我二十六歲，匹茲堡有位醫生靠著置入一小塊海綿分開了那兩條交纏的神經，我的痙攣問題才終於獲得解決。

而在七年後的現在，我開始覺得痙攣問題又回來了——那塊海綿不知為何滑動開來，導致那兩條神經再次打結。我的臉不再是我的臉，而是由顫抖的神經組成且隨時可能叛逃的一張面具。我這台機器出現故障。隨時可能有條神經在不對的時候受到激發，然後開始像不停扭動著亂噴的水管一樣痙攣起來。我一天到晚想著我的臉，想到幾乎可以**感覺到**自己的神經，而我的神經也似乎隨時都會失控。臉是一個人最赤裸的部位，可是我們總要到受傷後才會意識到這件事，之後滿腦子想的也只有這張臉赤裸展現出的問題。

我總是覺得無法自在的毛病又出現了。我總在公共場合想盡辦法隱藏住我的臉，比如總是用手撐住臉頰，就彷彿我老是不開心，又或者是靜靜地轉頭遙望他處，那樣子就像是在沉思一個問題，但其實我滿腦子只想著：我那容易失控的神經隨時可能讓我的臉抽搐起來。

但其實我的臉根本沒在抽搐。

真正威脅要叛逃的其實是我的心智。我開始變得多疑又容易妄想。我想要有人拿工具把我的頭轉下來，然後裝上另一個沒那麼多神經問題的頭。

「怎麼會有這麼糟糕的想法啊。」我丈夫對我的想法表達不滿。

為了讓自己睡著，我開始攝取威士忌，然後是威士忌搭配安眠藥安必恩，然後是威士忌搭配安必恩、焦慮藥贊安諾和大麻，可是這些都無法幫助我入睡。我只要無法入睡就無法好好思考，只要無法好好思考就無法寫作、社交或跟別人進行對話。我再次成為一個孩子，一個無法說英文的孩子。

我住在一間漂亮且租金穩定的公寓，位於下百老匯區一條狹窄而不起眼的小路上。此區以牛仔褲零售小店聞名，而且這些小店會一起播放Hot 97廣播電台的熱門金曲。我終於過著我想要的紐約生活，不但新婚，而且剛寫完一本書，總之沒有陷入憂鬱症的理由。可是每次只要我感到開心，一種可怕慘劇即將降臨的感受就會隨之而來，所以我會刻意讓自己感覺很糟，希望透過這種先發制人的手段來阻止慘劇真正到來。這樣的焦慮非常消耗我，也導致我陷入深深的憂鬱。有個朋友說，她每次陷入憂鬱時都感覺自己像一隻「從樹上掉下來的樹懶」。這個描述實在精準。在必須出門與外界互動之前，我總是感覺沒勁、身心俱疲，互動結束後又覺得自己被消耗得體無完膚。

我決定找心理治療師來治療我的憂鬱問題。我想找的是韓裔美籍的治療師，因為這樣才不需要花太多時間解釋我的處境。我希望她能只看我一眼就明白我的過去。在安泰保險公司列出提供心理健康照護的數百位紐約治療師中，我找到這樣一位有著韓國姓氏的治療師。我留了訊息給她，她回電給我，我們於是約好了諮商的日期及時間。

在她採光不佳的狹小候診室中掛了一幅裱框的海報，那是迪亞哥·里維拉（Diego Rivera）的畫，畫中有個跪地的女人抱著一個裝滿馬蹄蓮的巨大籃子，整個空間也都是用里維拉那種讓人鎮定的色調來進行裝潢：裝著香蒲的棕色花瓶、焦糖色的皮製扶手椅，還有一條顏色像是垂死珊瑚的粉橘色地毯。

治療師打開門。我第一個注意到的是她的臉部尺寸。這位治療師有一張很大的臉。我不知道這是否會對她造成問題，因為韓國女人總是非常在意自己的臉部尺寸，甚至會為此去削下巴骨（在韓國有種常見的稱讚方式：「你的臉小得跟拳頭一樣大！」）。

我走進她的辦公室，在沙發上坐下。她說她會先問一些諮商時必須問的通用性問題。那些問題確實是讓所有人通用的問題：我有在腦中聽見別人說話嗎？有自殺的念頭嗎？這些通用問題讓我獲得很大的慰藉，因為代表我的憂鬱不是**我**的問題，而不過是很多人都有的典型病症。我用非常消沉的態度回答她的這些問題，過程中或許還故意誇大了我的消沉程度，為的是要向她和我自己證明：我真的有需要來這裡諮商。可是當她問起「童年時曾有任何一段時期感到安穩舒適嗎？」，我卻在回憶中搜尋不到任何答案，於是突然崩潰大哭起來。我跟她說了一切問題的開端——我的憂鬱問題、我的家族史——當我們的諮商時間結束時，我感覺心靈獲得極度淨化。我跟她說我還想跟她約之後的諮商時間。

「我不確定我還會接收使用安泰保險的患者，」這位治療師口氣不帶絲毫情緒地說，「我會儘快跟你聯絡。」

隔天我直接致電她的辦公室約下一次會面時間，但在之後的二十四小時都沒收到回覆，於是我又兩次留言給她。再隔天，她留了語言訊息表示無法接收我這位患者，因為她已經決定不跟安泰保險合作。我立刻回電留下語音訊息，表示安泰保險會給付我百分之八十的自費支出。她沒有回電。之後的那個星期，我又留了四次語音訊息，一次比一次表現得更走投無路，我還求她給我手機號碼，這樣我們才能進一步透過簡訊討論。然後我開始沒事就打過去，但只要一轉到語音信箱就立刻掛掉電話，只希望能剛好遇到她與患者面談之間的空檔。這件事我每天會做上五、六次，直到我突然想起她可能有裝來電顯示功能，因此感到非常丟臉，結果我那天後來的其他時間都癱在床上無法起身。最後，她留給我一段很簡短的訊息：「要獲得給付需要處理很多書面資料。」我立刻用儲存好的快速撥號功能回電，對著她的答錄機大吼：「我可以處理書面資料的事！」

在等待她回電的同時，我必須去拉勒米（Laramie）參加一場懷俄明大學（University of Wyoming）舉辦的朗誦會。此刻的我已經非常憂鬱，在這個只想把自己的臉切下來的情況下還能想辦法搭上飛機已是奇蹟，之後也在那場朗誦會中表現得一如預期的糟糕。為觀眾朗讀我的詩歌作品根本是讓我被自己的各種局限一次次打醒。我在這場活動中撞見一道巨大的鴻溝，一邊是觀眾對「詩人」這個身分的理解，另一邊則是我怎麼看都無法證明自己是一位「詩人」的困境。我**看起來**就沒有這個角色該有的樣子。亞洲人就是缺乏存在感。亞洲人總是對自己占據的空間充滿歉意。我們的存在感稀薄到甚至沒被認真當作少數族群看待。我們的種族特色甚至不夠強到具有象徵性地位。我們已經是如此後種族的存在我們根本是矽元素。我用我那如同卡祖笛的粗啞氣音朗誦我的詩。等我讀完之後，所有人都窸窸窣窣地往出口移動。

　回到紐約的路上，我在丹佛機場短暫停留了一下，此時我看見治療師的電話號碼出現在我的手機上。「尤妮絲！」我對著電話大吼。「尤妮絲！」這樣直呼她的名字是否太過無禮？我是不是該叫她周醫師才對？[1]我問何時可以再跟她約定下次的諮商時間，但她的口氣很冷淡。「凱西，我很欣賞你的熱情，」她說，「但你最好還是去找別的治療師。」

「處理書面資料沒問題的！我愛處理書面資料！」

「我沒辦法做你的治療師。」

「為什麼不行？」

「我們不適合彼此。」

我很震驚。我皮膚上的每個毛孔都泉湧出疼痛的感受。我不知道治療師可以這樣拒絕病患。

「可以告訴我為什麼嗎？」我虛弱地問。

「抱歉，沒有辦法。」

「你不打算告訴我原因嗎？」

「不打算。」

「為什麼？」

「我不可以揭露那項資訊。」

「你是認真的？」

「對。」

「是因為我留下太多語音訊息了嗎？」

「不是。」她說。

「你在跟我認識的人交往嗎？」

1 作者注：尤妮絲．周並不是這位治療師的真名。

「據我所知沒有。」

「那是因為，對你來說，我這人已經沒救了？是嗎？」

「當然不是。」她說。

「好吧，但是你不告訴我原因，我的感覺就會是這樣。你讓我覺得我不該敞開心胸，也不該分享自己的感受，因為大家只會被我的問題嚇跑！這正是一名治療師不該做的事吧？」

「我了解你的感受。」她語調平淡地說。

「如果我在這通電話後做出什麼激烈的事，那完全就是你的錯。」

「是你的憂鬱症讓你說出這種話。」

「是**我**讓我說出這種話。」我說。

「我有病患在等我。」她說。

「最好別把她也搞到沒救。」我說。

「再見。」

打從有記憶以來，我就一直想證明自己確實存在。身為一位現代的文字工作者，就算我的工作努力程度是別人的五倍，卻總還是會看見自己的雙手逐漸溶解、手臂也開始消失。常常到了晚上，我會在驚醒後不停責備自己，直到破曉的光刃刺入我的雙眼才停止。我的自信心極度貧乏，因為我這輩子都是靠著「有條件的愛」長大，這個社會也總把我當成如繃帶般隨時可替換的存在。

在常見的想像中，亞裔美國人占據著一個曖昧模糊卻又如同煉獄的位置：我們不夠白也不夠黑，非裔美國人不信任我們，白人也無視我們，只有白人想打壓黑人時會利用我們的存在。我們是服務業中的工蟻，是所有大公司中資深又忠貞的成員。我們是負責進行大量數學運算工作的中階經理，整間公司的運轉因此變得流暢，但我們從不會獲得升遷機會，因為我們的臉不是適合進行領導工作的正確「門面」。我們也有內涵不足的問題，大家總認為我們缺乏應有的心智能耐。可是就算我對這一切表現漠然，雙腳仍在水面下瘋狂划動，為了隱藏這種認定自己能耐不足的排山倒海感受，我不管做什麼都採取過度補償的態度。

這世間有大量文學作品在描述自我厭惡的猶太人和自我厭惡的非裔美國人，可是卻沒有足夠的作品在描寫自我厭惡的亞洲人。因為種族而產生的自我厭惡就是用白人看待你的方式來看待你自己，並讓你成為自己最可怕的敵人。你唯一的應對方式就是對自己嚴厲，這件事會變成一種強迫行為，甚至因此帶來安慰，然後一路催逼你直到死亡。你不喜歡自己的長相，也不喜歡自己的聲音。你認為你的亞洲五官定義不明，就彷彿上帝才剛開始捏塑你的五官卻又突然決定放棄。如果一個空間內有太多亞洲人會讓你覺得討厭。**到底是誰讓這麼多亞洲人進來的啊**？你會在腦中怒氣沖沖地抱怨。你不會跟亞洲人團結在一起，反而因為待在他們身邊而覺得自己低人一等。你的個體界線不再明確，反而是跟另一個群體交融在一起。

我寧願相信這種自我厭惡的亞洲人正隨著我的這一代逐漸消失，可是情況必須取決於我的所在地。在我教書的莎拉勞倫斯學院（Sarah Lawrence College），有些學生的個性非常生猛有力——她們充滿力量、參與政治，而且表現傑出——這讓我心想，感謝老天啊，這就是我們需要的亞洲人2.0版本，我們亞洲女人準備好大聲嚷嚷啦。然後我去了其他大學的教室，那裡卻又有些不說話的女人，她們溫順地坐在那裡，模樣就像是頭髮梳得很漂亮的小老鼠，讓我忍不住想大聲疾呼：你們得開口說話！不然他們會把你踩在

腳底下！

二〇〇二年，我在愛荷華大學的作家工作坊研究所（Iowa Writers' Workshop）讀書，當時的我是主修詩歌的研究生。我的朋友和我一起去珊瑚嶺購物中心（Coral Ridge Mall）做美甲，我們找到一間家族經營的店面，那裡的越南裔老闆用移民特有的節奏感說話，也就是每個詞都重複兩次：「美甲？美甲？坐啊、坐啊。」我等著這個男人的妻子或女兒來為我服務，可是她們都已經在服務別的客人。唯一剩下的美甲師是他們的兒子，他看起來大約十四歲，身上穿著寬鬆的黑色帽T和工裝短褲。櫃檯後方的他一臉陰沉，雙手插在口袋裡，模樣看起來不像是受過訓練的美甲技師，反而像是應該在用Xbox玩《最後一戰》（*Halo*）的小孩子。男孩第一次被叫來工作時沒有反應，他父親於是大罵著要他動作快，還要他趕快在水槽中裝滿水。

那男孩走到我坐著的地方。他蹲得很低，兩隻坑坑巴巴的膝蓋就靠在他耳朵邊。我跟他說我希望把腳趾修圓，不要修得方方的。他開始在水槽內裝水。「太燙了！」我把腳放進去時說，他於是緩慢地調整水溫。我注意到他把我的腳趾頭修成方形，不是圓形，也注意到他拒絕與我四目相交。就算真的眼神對上，我也發現他的眼神中閃著一絲敵意。他是因為下課後得來幫愛荷華的這些賢妻良母按摩小腿而感到委屈嗎？還是因為必須服務一個跟他長得太像的人？畢竟這個客戶不但年輕，還是個亞洲人？雖然我已經二十四歲，但要說十七歲也還過得去，蓬鬆的短髮還帶著一絲男孩子氣。儘管如此，當時我仍心想，欸我年紀比你大多了，你該像是被迫要尊敬那些愛荷華的金髮太太一樣尊敬我才對。然後他開始把腳趾皮鉗用力塞入我的大拇趾肉中，力氣大到讓我想把腳抽回來。

「可以麻煩你動作輕一點嗎？」我語氣刻薄地說。他喃喃地向我道歉，但卻更用力地用皮鉗夾我的腳皮。

「你動作可以輕一點嗎？」

他扯下一塊硬皮。

「嘿！」

他更用力地把皮鉗塞進我趾甲和腳肉的縫隙中。

「我**說**——」

他扯下一塊硬皮。

「**動作輕一點**——」

他更用力地把皮鉗塞進趾甲和腳肉的縫隙中。

「會**痛**！」

若想在這個服務產業中展現出合格的能力，你的技術必須好到讓自己像個隱形人，可是這男孩完全沒有讓自己隱形的能耐！但說不定此刻的疼痛是我幻想出來的，為的是合理化我自己逐漸高漲的煩躁感受，畢竟他這樣一個生理**男孩**的存在實在讓我很難放鬆。他彷彿在懇求些什麼的蹲姿實在丟臉，也讓坐在震動按摩椅上的我覺得自己很丟臉。這一切都不公平。

男孩又把皮鉗用力插入我的腳趾，我再次大叫出聲。他父親用越南文對他大吼，那男孩粗猛的手勁才終於放輕了一些。我受夠了。我直接站起身，兩隻腳都還泡在水槽的肥皂泡沫中，而我拒絕付錢。我的朋友看著我，我的舉動讓她困擾。我希望那位父親之後可以處罰那個男孩，最好是不付他薪水。但那個男孩大概平常就拿不到薪水。

我們就像兩顆互斥的負離子。他之所以對我這麼糟是因為他恨自己，而我對他這麼糟也是因為我恨我自己。但我有什麼證據可以證明他恨自己？我憑什麼認為他是對自己感到羞恥才把這間美甲沙龍的名聲搞臭？我是個不可信任的敘事者，對什麼事都過度警戒到偏執的程度，而且還把自身的不安全感強加在他身上。我甚至想不起來我當時是否真有感到疼痛，又或者一切只是我的幻想？畢竟我早已多次改寫這段回憶，把這段過去敲打得幾乎面目全非，其中的他已被我塗消到只剩一抹反映出憎恨的汙跡，而代表我的這抹汙跡反映的則是自以為有資格評斷一切的優越感，最後甚至這兩者都只反映出我自己。可是他跟我毫無相同之處。我過著如此幸運的生活，甚至還有餘裕拿到大家可以想像是這世上最沒用的碩士文憑。我哪裡會懂必須把所有空閒時間花在美甲沙龍的越南青少年生活？我根本一無所知。

我的父親在首爾外圍的郊區長大，他真的窮到不行，不過當時戰後的大家都很窮。我的祖父是米酒私釀商，他養不起自己的十個小孩，所以我父親只能自己抓麻雀在沙坑裡烤來吃，藉此讓自己每天可以加一點菜。我父親很聰明、進取心強。他在十歲時贏得一場全國性的作文比賽，後來還用功讀書進入韓國排名第二的大學就讀。不過因為義務性兵役再加上錢常常花完，他用了九年的時間才畢業。

美國在一九六五年解除了移民禁令後，我父親看到了一個機會。在當時，來自亞洲的只有一些經過篩選的專業人士有可能獲得前往美國的簽證，比如醫生、工程師和技術人員。順道一提，這個篩選程序就是建立「模範少數族群」的話術開端：美國政府只允許受過最高等教育及訓練的亞洲人到美國，然後聲稱他們的成功都是自己的功勞。**瞧啊！任何人都可以活出美國夢！**就算有個醫生在來到美國時就已經是醫生了，他們還是會這樣描述他的成功。

我父親說謊了。他在填表時表示自己是一名技工。於是他和我年輕的母親被送到賓州的城市伊利（Erie），在距離海岸較遠的內陸地區擔任萊德卡車公司（Ryder trucks）的助理技工。雖然缺乏訓練，他卻想辦法蒙混過去了，直到氣動研磨機中一塊碎裂的石頭飛出來把他的腿骨打碎，傷勢嚴重到他必須打六個月的石膏。萊德公司沒有給他勞工應有的補償，只是直接開除他，因為他們知道他沒辦法反抗。

然後他們搬家到洛杉磯，我父親在那裡的韓國城找到賣人壽保險的工作。他每天工作超過十小時，最後被晉升為經理，可是多年來賣保險的生活卻沒有帶來太多好處。無論他多努力工作，存下的錢卻永遠不夠。他在那些年間瘋狂喝酒、不停跟我母親吵架，我母親則會因為遷怒而毆打我和我妹妹。之後靠著向銀行貸款，我父親在洛杉磯荒僻的工業區買了間分銷乾洗用具的倉庫，藉由這門生意，我父親終於足以資助我去讀私立的高中及大學。

在檔案紀錄上，我父親是所謂的模範移民。陌生人都會說他是個紳士，因為他有一種安靜的魅力及親和力，這是他在多年來販賣人壽保險及乾洗用具給不同種族及階級地位的美國人的過程中，慢慢培養出的一種人格特質。可是他也跟許多模範移民一樣有發火的時候。

種族認同的問題可以讓亞裔移民的孩子們極為苦惱，不過大家總是假定他們的移民家長不會受到這類問題所擾，因為他們不是太忙於工作，就是認同自己的出生國家，因此對這個主題幾乎無話可說。不過無論是我父親在以白人藍領階級為主的賓州擔任技工所獲得的經驗，還是他在當人壽保險業務員時必須從洛杉磯的布蘭特伍德（Brentwood）到南區（South Central）地毯式尋找客戶的過程，都讓他對自己的種族認同極為敏感，甚至到了不管什麼事都認定跟種族有關的地步。比如我們在餐廳候位，只要有人比我們先得到位子，他都會說是因為我們是亞洲人。比如他被安排在飛機很後方的座位，他也會覺得是因為他的亞洲人身分。在我讀大學的第一週，我父母幫我搬進俄亥俄州歐柏林學院（Oberlin College）的宿舍，在我父親跟我室友的父親握手時，對方問他來自哪裡，我父親說南韓，我室友的父親立刻表示他打過韓戰。

我父親只是露出一個緊繃的微笑，他什麼都沒說。

「這裡有很多白種人。」父親來我在愛荷華讀的研究所找我時這麼說。

「黑人都去哪裡了？」我們把車開進沃爾瑪超市的停車場找車位時，他這麼問。

「看到人就要微笑問好，」我父親說，「你在這裡必須非常有禮貌。」

「我的女兒啊，」我父親對沃爾瑪的收銀員說，「是在愛荷華作家工作坊研究所的一位詩人！」

「真的啊。」沃爾瑪的收銀員說。

「絕對別在這裡違法迴轉，」父親在我違法迴轉時這麼對我建議，「他們看到會覺得亞洲人的開車技術很差。」

去愛荷華讀書時，我認定書寫我在青少女時期的亞洲認同議題是幼稚的行為。身為認真研讀現代主義的好學生，我孜孜不倦地致力於創造文學中的各種「新」事物，而且我很有自信，**無論我的身分認同是什麼**，我都會因為形式上的創新獲得認可。即便是後來發現一篇由我在愛荷華研究所的同學寫的部落格文章〈後**族群**淨化〉（Po-*Ethnic* Cleansing，這邊的斜體是我加的）——對方還膽子很小地用了筆名「詩歌蛇鯊」來發表——我也仍然這麼深信著。他大肆攻擊我的的第一部詩集，表示其中的作品主題都是陳腐的認同政治，然後拿我跟李立揚（Li-Young Lee）比較（不只因為我們長得很像，也因為我們的寫作內容很像！），並宣稱要是可以殲滅這些平庸的少數族群詩人（比如我），那整個詩歌世界一定能發展得更好。

我立刻往下滑到評論區，十幾條留言中沒有任何一條站在我這邊，甚至沒有任何人意興闌珊又心不甘情不願地說「嘿，老兄，說這種支持種族大屠殺的話不太行啊」。

我沒有憤怒，反而只是感到受傷及羞愧。我內心甚至有點相信他。我一直努力證明自己不只是另一個主打認同政治的詩人，而他卻暴露出我的本質：毫無知識分子深度的身分認同狂熱者。我的羞愧因為不知道「詩歌蛇鯊」是誰而變得更嚴重。對方可能是任何人。這篇貼文後來變得很受歡迎，只要你在網路上搜尋我的名字，這就會是第二個出現的連結。這些點進他頁面甚至同意他看法的人到底都是誰？他們都希望可以把我殲滅嗎？等最後終於有人揭露出寫那篇貼文的同學是誰時，我是真的鬆一口氣。**那個**愛巴結人的渾蛋嗎？當然是他了！

我同學那篇令人反感的文章跟我的研究所生活一樣難應付，因為愛荷華的種族主義問題是道難以察覺的幽微潛流。我總是事後才在猜想那到底算不算種族歧視，並質疑會不會是我太神經質了。我記得每次我試圖在工作坊中提起種族政治的議題時，他們展現出的自我優越就會像高牆一樣出現。到了最後，我也內化了他們的自我優越感，並開始嘲笑其他談及族群主題的詩歌都太過「族群氣」。我很明確地意識到，除非能夠結合一個內容更「豐富」的主題，比如資本主義，不然光是書寫亞裔認同的主題是不夠充分、不夠適當的選擇。我知道有些有色人種作家會把詩歌和小說作品上的所有族群元素徹底刮除，因為他們不想被定位成「身分認同狂熱者」。現在回過頭去看，很有意思的是，我意識到那些人全是亞裔美國人。

在我還是碩士生的時期，無論你是形式主義者還是前衛主義者，詩人對於詩歌形式所抱持的虔誠心態都令人感到窒息。任何自傳性的揭露，尤其是種族或性方面的主題，在他們看來都是一種軟弱的表現。大學裡的總圖書館是我最愛的庇護所之一，我還記得自己在那裡瀏覽前陣子剛畢業的研究生論文，並看到幾個亞裔的名字，但據我所知，他們沒有人在畢業後出版任何作品。我怕我也會跟他們一樣消失。

正是在就讀愛荷華大學的時期，我被診斷出有半邊顏面神經痙攣的問題。我本來以為只是咖啡因引起的抽搐在那段期間變得愈來愈嚴重，而且嚴重到足以讓我相信旁人都會注意到的程度，不過實際上沒人跟我說過什麼。我還記得自己一大早起床去做電腦軸向斷層掃描，並因此躺在機器輪床上被推進那台機器。那台圓筒型機器的內部光滑、潔白。我感覺自己身處一個挖空的巨大人造陽具內部。這下我可真是一具電流竄動的身體了[2]，我心想，然後我的腦子開始胡思亂想。

一年前，我在紐約皇冠高地（Crown Heights）的一間小畫廊朗讀這本書的部分內容。活動結束後，我和擔任活動主辦者的畫廊經理一起在外面抽菸，此時有個留著絡腮鬍且身上滿是刺青的白人男子晃到我面前，並主動表示他有在上有關種族意識的座談課程，因為他的另一份工作要求他必須上這些課。

「我的種族意識調解員很聰明，」他說，「我學到很多。」

「很好。」我說。

「他說少數族群之中不可能有種族歧視的問題。」

2 譯注：引用自華特·惠特曼（Walt Whitman）的詩作〈我歌頌電流竄動的肉體〉（I Sing the Body Electric）。

「鬼扯。」我一邊說一邊噴笑出聲。

「難道我的種族意識調解員是個騙子嗎？」

「不是，」我說，「他可能只是被誤導了。」

「他也說，講到排在白人之後的種族，第一名的就是亞洲人了。」他雙手抱胸。

「你怎麼看？」

「我認為你需要一個新的種族意識調解員。」

「他說的不對嗎？」

「恐怕不是這樣。」我轉身背對他。

「我憑什麼要相信你？」

「什麼？」

「我的種族意識調解員一天到晚都在教這些有關種族的課啊——我憑什麼要相信你？」

有耐心地幫助一個一無所知的白人搞懂種族議題實在是件累人的事。你必須耗盡全部心力去說服對方。因為這不只是一次有關種族的閒聊，而已經是個本體論的問題。那種感覺就像是向人解釋自己為什麼存在、為什麼感到痛苦，又或者為什麼你所面對的現實跟他們的現實是如此不同。不過其實這個過程中更令人難以對付的部分是，那個人擁有足以證明你不存在的整個西方歷史、政治、文學和大眾文化撐腰。

換句話說，我不知道是要叫這傢伙滾開，還是要幫他上一堂歷史課。「我們從一五八七年就已經來這裡了！」我大可這樣說。「所以到底為什麼拖這麼久？我們成為白人的資格團購到底開了沒？」大多數美國人對亞裔美國人一無所知。他們以為**亞洲人**就是**華人**，就像是用**舒潔**這個牌子代稱所有**衛生紙**。他們不明白我們是由許多民族組成的脆弱聯盟。但當我在說亞裔美國人時，我指的包括其中的東南亞裔、南亞裔、東亞裔，**以及**太平洋島原住民嗎？**包括**其中的酷兒和異性戀嗎？**包括**其中的穆斯林和非穆斯林？**包括**其中的所有富人和窮人？**所有的**亞裔美國人都自我厭惡嗎？如果我足以噬人的自我意識根本不是種族現象，而只是我個人的問題呢？「**韓國人**才會自我厭惡，」某次喝酒時有個菲律賓朋友糾正我，「菲律賓人啊，不太有這個問題。」

這是專屬於亞裔族群的處境，我們有些人的經濟狀況比其他少數族群更好，可是在大眾眼中仍幾乎沒有存在感可言。雖然情況已經有在逐漸改變，我們在政治圈、娛樂圈及媒體上卻仍像是透明人，就連藝術作品中也很難看到我們的身影。好萊塢處理亞洲人的方式仍充滿種族歧視，因此每當電影中出現亞裔臨時演員時，我總會為了可能出現的「中國佬」笑話而緊繃起來，一定要等確定沒發生這種事才有辦法放鬆。在所有族群中，收入差距最大的也是亞裔族群。在所有勞工階級中，亞洲人是成衣及服務業中的隱形奴工，這些人面對的是第三世界的工作環境和最低薪資，可是大家總是認定唯一受到福利縮減問題所困的只有勞動階級白人。然而只要我們開口抱怨，美國人突然就對我們知之甚詳。**你們生什麼氣啊！你們亞洲人的地位只排在白人後面啦！**就好像我們是在生產線上排成一列的iPad一樣。

那麼，我想，或許我們需要來堂歷史課，好簡單說明一下華人是如何在南北戰爭後被送來補充農地上的苦力，又或者他們是如何鑽地、埋炸藥並鋪設好橫貫大陸的鐵路，導致最後不是面臨被炸藥炸死就是被暴風雪掩埋的命運。為了讓往西部開拓的「昭昭天命」獲得實踐，每兩英里的鐵路就會死三個華裔勞工，可是在鐵路完工典禮[3]的照片上，沒有任何一個華人受邀和其他——白人——鐵路工人一起拍照。

但我必須承認，要接受十九世紀華裔美國人的歷史變成我自己歷史的一部分，對我來說其實是件困難的事，因為我的祖先那時還在韓國，不過在做什麼我並不清楚，當時的相關紀錄現在也難以取得。我猜我的長相跟這些華人男性**看起來**差不多，可是凝視著這些老照片時，我看待這些華人男性的視角就跟之前那些白人開拓者沒兩樣，畢竟他們身上的厚棉睡衣和古怪長辮真的很好笑，簡直像是一群靠軟體修圖增添西化風格的外星人。我認為這是因為關於他們的日常生活，真正有流傳下來的第一手資料實在太少，無論是他們如何規劃飲食、他們的疲倦，還是他們的思鄉情緒——這些細節幾乎都沒留下紀錄。第一批來到這個國家的華人女性更慘。我根本無法想像一個十五歲的華人女孩遭到綁架後被人偷渡到這個野蠻又失序的國家，然後被關在有供餐的房子中每天遭人強暴十次，導致最後整個身體都被梅毒掏空的處境。而且在那之後，她還會像垃圾一樣被丟

3 譯注：一八六九年，聯合太平洋鐵路（Union Pacific Railroad）和中央太平洋鐵路（Central Pacific Railroad）在猶他州連結起來，於是完成了橫跨大陸的鐵路線。當時為了慶祝完工打下了最後一根特製的金色釘子，此處的紀念園區後來也升級為金釘國家歷史公園（Golden Spike National Historical Park）。

到街上獨自等死。

喬治・阿岡本（Giorgio Agamben）曾寫道，「裸命」（bare life）是生命中的純粹生理運作面向，而與其相對的是在社會保護下展開的生命；活著「裸命」的人「被剝奪了所有權利，因此所有人都可將其殺害，卻不會因此犯下殺人罪；他只能透過永恆的逃亡來解救自己」。我無法想像一個人的身體如同植物或豬一樣只剩下生理運作。如果一個妓女在無人目睹的狀況下獨自死去，她算是存在過嗎？

假如時光機真的存在，這個國家可以回到過去的只有白人，因為其他大多數人一回去就會遭到奴役、殺害，不然就是肢體嚴重傷殘，又或是跟受到社會隔絕的野孩子一起長大。可是我願意冒這樣的風險，就算只有一天也好，因為我希望可以親眼目睹在十九世紀中期之後各種排華運動所引發的恐懼情緒，當時的華人移民只要離開家就會被人吐口水、用棍棒毆打，從背後開槍射擊，這一系列的排華運動最後催生出一八八二年的排華法案（Chinese Exclusion Act），於是在立法者和媒體將華人描述為「老鼠」、「痲瘋病人」，但同時又是跟善良的美國白人搶工作的「機器人」勞工之後，第一個正式禁止某個種族進入美國的移民法案隨之誕生。

那些留在美國的華人不管走到哪裡都成為攻擊目標，他們是最容易遭受「種族清洗」的對象。一些自詡主持正義的人在他們的店裡放炸彈、朝他們居住的帳篷開槍，或者用煙把他們從家裡燻出來。從美國西岸的北端到南端都有許多華人移民被從原本居住的城鎮中趕出來。在一八八五年的華盛頓州塔可瑪（Tacoma），有群白人闖進一個懷孕女子的家，抓著她的頭髮把她拖出屋外，然後逼迫她和另外三百個小鎮中的華人移民一起徒步離開。他們要這些人在夜晚的冷雨中徒步走入荒野，而在此同時，他們的家——所有他們活過的證據——都在他們身後遭到燃燒殆盡。他們無處可去，只能進行永恆的逃亡。另外在一八七一年還有一次，因為一則據稱有某個華人男性殺害了白人警察的謠言，將近五百位洛杉磯暴徒潛入洛杉磯的中國城，折磨並吊死了十八個華人成年男性和男孩。那是美國歷史上規模最大的私刑事件。他們遭受私刑的街道名稱是黑人街（Calles de los Negros）。

一九一七年，美國政府將禁令擴及到所有亞洲人身上，之後就連身為美國前殖民地人民的菲律賓人也被禁止入境。基本上來說，這項移民禁令就是全球規模的種族隔離。美國在一九六五年重新歡迎這些「曾遭到降級的種族」入境，但只是因為當時美國正在跟蘇聯進行幼稚的意識形態競賽。那個時期的美利堅合眾國面臨的是公關問題，畢竟如果想要撲滅在貧窮非西方國家之間興起的共產主義熱潮，他們必須重振自己充滿種族歧視的「吉姆・克勞」（Jim Crow）[4]形象，並想辦法證明自己的民主制度更為優越。而他們的解決方式就是允許非白人進入他們的國家親眼見證。在這段期間，模範少數族群迷思開始廣泛流行，並被用來牽制共產主義者——還有黑人。大家將亞裔美國人的成功故事到處流傳、藉此提倡資本主義，並因此詆毀黑人民權運動的正當性：我們是「好」移民，因為我們不會提出各種要求，我們勤奮工作，而且從不向政府索討施捨。這當中沒有歧視的問題，他們向我們保證，只要你們不抱怨且認真工作就沒問題。

可是我們的模範少數族群地位也是會改變的。以目前來說，印度裔美國人是亞裔美國人中收入最高的一群人，可是自從九一一事件之後，尤其是在近幾年間，這群人遭到降級

（或者說開始自我認同）為「棕皮膚的人」。「種族化」在美國發生的過程很有意思。沒人在意日本曾在二戰期間殖民韓國和一部分的中國領土又甚至入侵菲律賓，也沒人在意印度和巴基斯坦因為喀什米爾而產生的漫長又血腥的領土爭議，又或者寮國曾在越戰時系統化屠殺苗族蒙人後裔。無論你來自的國家曾和其他亞洲國家有過什麼權力鬥爭的過去——大多是西方帝國主義和冷戰所帶來的餘波——總之都被不明白其間差異的美國人壓扁成一塊毫無差異的大餅。自從川普參選之後，針對亞裔美國人的仇恨犯罪事件數字飆升，其中大多是針對穆斯林或**看起來像**穆斯林的亞裔人士。二〇一七年，一位白人優越主義者把兩位印度教印度人誤認為伊朗恐怖主義分子後槍殺對方。一個月後在西雅圖郊區，有人對一名在自家車道上的錫克教印度人說「滾回你的國家」後開槍射擊。

多年來在紐約市過著經濟上左支右絀的生活後，詩人普拉吉塔・夏瑪（Prageeta

4 譯注：吉姆・克勞這個用法普遍被認定為出自一八三二年一齣諷刺音樂劇《蹦跳的吉姆・克勞》（*Jump Jim Crow*），其中的主角吉姆・克勞被描繪成一個智能不高的蠢笨角色，之後有一段時間，這個名字被當成非裔美國人的貶抑性代稱。

Sharma）迫不及待地想展開在蒙大拿大學（University of Montana）的新工作：擔任那裡的創意寫作學程主任。我在二〇〇七年參加了她的送別派對。我還記得她當時興奮地向我談起之後要跟丈夫一起住的那棟房子、他們可以擁有多大的空間，以及她上任後打算展開的各種計畫。夏瑪是我在這座城市中遇過最溫暖、慷慨的詩人。我無疑相信她能在西部適應得很好。

在擔任主任的第一年，夏瑪在新家舉行了一場派對，結果一名客座教授和兩名碩士生偷溜進她的臥房，從抽屜偷走一條私密衣物。之後在一間酒吧內，這位客座教授和學生把那件衣物套在頭上自拍，整件事看起來就像什麼兄弟會的惡搞遊戲。之後他們還把照片發送給就讀這個學程的許多人，好讓大家可以拿這張白癡照片取樂。事實上，做出這件事的客座教授是一個亞洲男人，而我們該如何看待這種情況？在這個案例中，厭女情節戰勝了種族層面的團結精神。這是一個以白人為主的內陸州，在這個幾乎以白人為主的學程內工作的亞洲人也只有這個男人和夏瑪。結果當一個地方只有兩個亞裔美國人時，他們沒能團結合作，反而是其中一個人試圖把另一個人趕走，以確保少數族群能獲得的微薄權力不會被瓜分，並避免自己被誤認為另一個人的**同類**。

「我覺得受到踐踏，」夏瑪說，「沒有其他方式可以描述這種感受。」

夏瑪發現後正式提出性騷擾申訴。所有參與的相關人士都前來道歉，但卻在發現她不願接受道歉後勃然大怒。那明明就只是一次惡作劇啊，為什麼她就不能放下？在一份書面證詞中，有名白人女性同事表示：「她的反應實在不合比例原則，太荒唐了。」與其想辦法修復這個學程內的有害問題，她的同事們反而因此認定雇用夏瑪是一個嚴重錯誤，因為她拒絕在文化方面與他們同化。夏瑪想改變這種狀況。她希望讓這個學程的風氣變得更多元，但幾乎每個人都抗拒改變，其中也包括學生。他們普遍認定她就是不夠「蒙大拿」、不適合這個地方，而且是直接這樣對她說。就算她已經出版過三部作品，其他同事仍覺得她不過是個「剛起步的詩人」。他們還用「沒人聽過你是誰」來打擊她。英語系的系主任還建議夏瑪去讀她十二歲女兒在讀的那本《清秀佳人》（*Anne of Green Gables*），說這樣或許就能讓她多學到一些「女性領導技巧」。

夏瑪真的覺得自己要瘋了。沒有人承認她所面對的現實：這種攻擊之所以發生正因為她是一名印度女人。「我身邊的所有人都態度惡劣，」夏瑪說，「可是不知為何，最大的問題卻是出在我身上。」夏瑪加倍努力去做主任的工作，可是每次只要遭人貶低都會採取行動，而這樣的行為被這個學程裡的人視為過度反應。到了最後，這個部門的教職員成功說服英語系主任拿掉夏瑪的學程主任頭銜、砍低她的薪水，並宣稱她付出的勞動成果不夠「顯著」，所以應該被降職去做行政工作。這個舉動終於促使夏瑪對大學提出歧視訴訟。她意識到她的同事始終沒有真正要讓她擔任主任的意思，他們想要的只是一個祕書。

「我們不停失敗，我們擁有太多的失敗。」夏瑪在〈畢斯瓦斯太太面對的一個處境〉（A Situation for Mrs. Biswas）中如此寫道，這首詩寫的是她父親一路走來的職涯起伏，並藉此反映出她自身面對的職業困境。她父親移民來美國時是個貧窮的學者，並在努力往上爬後成為一所小型大學的第一位南亞裔校長。就跟夏瑪一樣，她的父親一旦握有權力就開始受到各種羞辱。不過跟夏瑪不一樣的是，她父親因為管理不當的不實謠言而被趕出學校，被迫辭職。

〈畢斯瓦斯太太面對的一個處境〉是一首令人感到痛苦又觸動人心的道德故事，其中仔細剖析了「同化」這種妄想。「同化」的好處在於讓人不會成為特定的攻擊對象，可是要注意的是，同化跟獲取權力不是同一件事，因為一旦拿到權力，你就會被暴露在大眾的視野中，不再是大家看不見的隱形人，因此就連原本幫助你的模範少數族群資格也會被用來對付你。夏瑪在書中寫道，她的父親總是「渴望能因為工作上的好表現獲得白人給予的報償」，但現在卻被說成「一個貪婪的棕皮膚男人」、一個「根本是騙子的印度人」，以及「賣蛇油的爛傢伙」[5]。

我們要怎麼解釋這對父女都想辦法爬上領導者的位置，之後卻又同時遭到羞辱的例子？我可以感受到有些讀者此時一定心生懷疑，而光是想到他們的懷疑就讓我的後頸癢刺發麻。但這些讀者可能會忽視將這些事件連結起來的結構性種族歧視，並認定是這個家庭出了問題——或許是貪腐、又或許是過於桀敖不馴——總之一定是流在他們血液裡

5 譯注：在美國西部拓荒的電影中，有所謂的「蛇油推銷員」（snake oil saleman）一角。電影中，地位崇高的醫生很少出現在邊疆野地，因此有些人便打著醫生的名號銷售蛇油，讓人相信蛇油可以醫治和預防疾病，但實際上蛇油並非如此奇藥。後來，英文中若形容人油嘴滑舌、講話天花亂墜，便會使用snake-oil一詞。

的問題。但我可以告訴你們，我也曾因為不願扮演那樣一個溫順亞洲女人的角色，招惹來各式各樣失控或伴隨辱罵的對待。夏瑪的經驗讓我憤怒，但並不感到意外，可是我們知道不會有人相信我們，所以逐漸也變得不太相信自己。我們開始責怪自己太敢表達意見、太驕傲或太有野心。在詩作中，夏瑪用伊卡洛斯（Icarus）來描述她家庭的「過於自負」的處境：「想像一下，我們曾差一點／翱翔天際，但想像我們又是如何地墜落啊。／想像我們有多清楚墜落並不會終結我們，／就落在這裡吧、就落在那裡吧，哭叫吧，喔這大聲咆哮的自己啊，／情況不會有你想的那麼糟。」

多年來，我一直覺得我父親就是個海洛因藥頭。九歲時，我看了瑪莉・泰勒・摩爾（Mary Tyler Moore）針對管制藥物製作的特別節目，並在看完後跑去父母衣櫥到處翻找後發現了一個小盒子，盒子裡裝有許多鋁箔紙小球，小球裡包的黑色黏稠物質就像我在節目上看到的麻醉劑。我既震驚又憤慨。我父親竟然在販毒！難怪他這麼不常在家！

結果那些只是韓方藥草。

身為一個孩子，只要身邊有人懷疑亞洲人做出什麼不對勁的事，我都會放在心上，然後繪聲繪影地將其想像成父親常不在家的原因。他常因此抱怨我從不跟他站在同一陣線。現在我成年了，我開始想保護他，這也是為什麼我在讀到夏瑪描述父親的詩作時深受觸動。無論我們的父親這些年來奮力打造出的是什麼樣的尊嚴，總之都非常脆弱，我對此相當清楚，因為我以前就是用其他美國人的眼光在看待他：充滿懷疑。

我的父親在歐柏林學院見過我室友的父親後，我罵了他。「你為什麼這麼沒禮貌？」我問，「為什麼不接他的話？」我們當時正驅車前往克里夫蘭（Cleveland），車上還坐著我母親。他們想去吃韓國餐廳，但當時還沒有美食App「Yelp」可查詢，所以我父親在黃頁電話簿上隨便找了姓氏為「金」（Kim）的人，然後打去問對方有什麼推薦的餐廳。接電話的人對於可以和另一個韓國人說上話而表現得很興奮，所以主動提議要帶我們四處逛逛。

「難道我該為了那場戰爭感謝你室友的爸爸嗎？」我父親終於發火。「這就是你想要的嗎？」

韓文中的「情（정，讀音為jeong）」無法被翻譯成英文，最接近的解釋大概是「一種瞬間就能感受到的深刻連結」，這是一種很常出現在韓國人之間的情感。難道我在這位心理治療師身上感受到的就是自己想像出的「情」嗎？為什麼我覺得她能理解我？就彷彿我們之間共享的過去有可能讓我們更快親近起來？又或者更精確地說：讓我可以更快了解自己？說不定我之所以想找韓裔美籍的治療師，是因為我不想經歷心理治療那緩慢又漫長的過程。說不定我並不是真正想把我的人生解釋清楚。我有個猶太朋友告訴我，他從不會去找猶太裔的治療師，因為這樣太容易把所有的家庭失能問題歸咎於文化。有時你必須去深入解釋自己的經驗，以便真正理解那些經驗。

我後來剛好找到一位猶太裔的治療師。第一次見面時，我談起我在面對前一位治療師時遭到拒絕的所有感受。當我的新任治療師同意前一位治療師處理的手段不夠專業時，我覺得自己果然是對的。接著我的新任治療師猜想，或許我的個人經歷跟前一位治療師有些地方**太過**相似，而那些又是她自己還沒完全處理完的議題，所以她才會覺得自己不適合我。

我有一些揮之不去的感受，但那些感受已經不只跟那位治療師有關。說不定我所經歷的是某種移情作用，只是使用了心理分析的措辭，可是她不是應該要能成為我的母親、我的愛人，又或者——到底應該是什麼呢？在那通電話之後，我為了報復她而在「評價我的治療師」（RateMyTherapist）網站寫下一篇憤怒的評論。在那篇冗長的文章中，我不只把內心的怨恨發洩在她身上，還發洩在所有韓國人身上。「韓國人太壓抑了！死板！冷漠！他們根本不該被允許進入心理健康保健行業工作！」我大力敲打鍵盤，然後點擊送出，可是不知為何，我那段冗長又沒有存檔的文字始終沒有發布成功，就這樣消散在蒼穹之中。

作家傑夫・張（Jeff Chang）寫過「我想要愛我們」，可是他無法做到，因為他不知道「我們」是誰。我也有這種不確定的感受。我們是誰？我們是什麼？所謂的「亞裔美國人意識」（Asian American consciousness）這種概念真的存在嗎？W・E・B・杜波依斯（W.E.B. Du Bois）在一個世紀前建立了「雙重意識」的概念，而我們真的也以類似的概念存在嗎？我們被塗上的這個「亞裔美國人」標籤可說仍處於油漆未乾的新鮮狀態。這個笨重又低效的詞彙尷尬地標記出我存在的方式。打從六〇年代晚期亞裔美國倡議人士和黑豹黨員一起上街抗議開始直到現在，我們始終沒有一個可以稱之為我們自己的群眾運動。我總是謹慎使用的這個代名詞「我們」，真有可能團結成一個共同的群體嗎？又或者我們會一直是一盤散沙，於是我們當中的一些人會繼續維持著「外來者」或「棕皮膚」的身分，而另一些人可以透過財富或通婚「被勉強當作」白人？

川普選上總統的一週後，我為了一場朗讀作品的活動必須搭機前往密西根州的卡拉馬祖（Kalamazoo）。我坐在一名年輕的南亞裔男性旁邊，他對空服員的態度極為禮貌，說出「女士」、「拜託」和「謝謝你」的咬字也特別清楚。他的態度一直都是如此，還是在此刻表現得特別謹慎呢？飛機落地後，我努力把登機箱從上方取下，一個穿著密西根足球隊球衣的粗脖子白人男子用力從我身邊撞過去，同時低吼了一聲「不好意思」。他只是生性粗魯嗎？還是因為我是亞洲人？

我已經在布魯克林生活太久了。

我開車加速經過一片蕭條荒涼的水泥帶狀購物中心——其中包括一間澳美客牛排館（Outback Steakhouse）和一間規模如同好市多（Costco）的基督教家庭書店（Family Christian Store）——我在其中看見一張手寫著「支持川普」的紙板，那張紙板在陰風颼颼的十一月天空下姿態不祥地拍打著街燈。我之前對密西根並沒有抱持什麼特別的看法，可是在他們把總統的選舉人票投給川普之後，陣營之間的界線就清楚劃下了。我現在來到的是敵方領土。

然後我對於西密西根大學的聽眾感到驚訝，他們的種族組成比我預期的還要多元。這些聽眾看起來跟我一樣沮喪。就在那週，共和黨參議員用二戰期間的日裔美國人拘留營作為例子，希望藉此將穆斯林註記政策合理化。我談起拘留營的議題，並強調我們不該重複歷史錯誤，然後讀了本書中的一篇文章。幾個有色人種學生坐在最前排，他們在活動結束後過來找我，說他們很感謝有這場朗讀活動。在這些人當中，有位韓裔美籍學生說自己在校園裡感到無比寂寞、孤絕，還問是否可以擁抱我。我擁抱了她，她開始哭泣。我心想：這本書就是要寫給像她這樣的人。

然後有個七十多歲的白人女性走上前找我。她是一個身形枯瘦、不苟言笑且表情冷峻的女性，她用兩隻手緊緊握住一根拐杖。

「我要感謝你提起拘留營的事。戰爭期間，我是在菲律賓的戰俘。」她說。「我來自一個傳教士的家庭。雖然當時還只是個孩子，但我們所有人都被關起來了。日本士兵威脅要折磨我們，因為美國就是這樣對待他們的日裔美國公民。川普所提倡的想法是錯的。他讓我們所有人都陷入危險。」

我感謝她告訴我這個故事，她仔細將我審視了一遍。

「真希望你有朗讀你的詩作，」她態度嚴肅地說，「我們需要有療癒功效的詩歌。」

「我還沒準備好療癒自己，」我盡可能溫和地說，因為我不知道她會有什麼反應。

她點點頭。

「我尊重你的想法。」她說，然後離開。

超過三百萬名韓裔死在韓戰中，這數字大約是南北韓總人口的百分之十。在這些死者之中，有數量不明的無辜平民是因為不小心身處交戰現場或被誤認為共產黨同路人而遭到殺害。在那場戰爭中，我的父親和家人是在家中聽見有人用力敲打大門，但他們還來不及做出反應，美國士兵就已經闖進他們住的破舊小屋。那些美國大兵踢翻裝滿大醬的陶罐，將他們的床具踩得破破爛爛，不到幾分鐘的時間就讓他們家變成一片廢墟。那些士兵用他們聽不懂的語言大聲給出許多指令，可是大家都不知道他們在說什麼。「他們想要什麼？」我的家人們狂亂地詢問彼此。「他們為什麼在這裡？」士兵們用手勢要我祖父去屋外。雖然跟這些身材高大的男人相比，我的祖父就像個侏儒，但他卻不願聽話。他不停用韓文問：「你想要怎樣？我們又沒做錯事！」最後有個士兵用步槍槍托砸向我祖父的頭，把他拖出自己的房子。

我父親全家人跟著他們走出屋外，進入庭院，此時我的祖父還不停在用韓文懇求著。士兵們朝地面開了一槍以示警告，接著他和其他家人被命令趴在地上，雙手放在後腦杓上。有位士兵扳起槍枝的擊錘，將槍管指向我祖父的頭。此時我父親的哥哥認出剛抵達現場的軍方翻譯員，對方跟他以前上同一間學校。我的伯父於是向那位翻譯員大喊，對方認出他後告訴美國士兵，他們的線報出錯了，這些村民不是共產黨員，只不過是無辜的平民。他們找錯人了。

看到杜成德（David Dao）被警衛從聯合航空飛機上拖下來的爆紅影片時，我想到了父親的故事。二〇一七年四月九日，因為飛機滿載，空服員希望能有人主動放棄座位。在沒有人自願後，工作人員隨機挑選了杜成德，希望他能放棄他的座位，但他拒絕了，於是工作人員叫警衛將他強制送下飛機。杜成德是個六十九歲的越南人，身形偏瘦，一頭黑髮顯然剛剛剪過。他的穿著以搭機來說是實用又合理的選擇：戶外服飾品牌巴塔哥尼亞（Patagonia）的黑色毛衣搭配一頂卡其色的帆布鴨舌帽，不過那頂帽子在他們爭執時給撞掉了。

在書寫有關杜成德的事件時，我的亞裔朋友及亞裔美國人記者都寫到同一件事：「杜成德讓我想到我的父親。」原因不只是他和我們父親年齡相仿，而是他整潔又謹慎的外表讓我們感到熟悉。他那平淡無奇的外表是為了融入環境，也是為了讓自己感到自在，而之所以會養成這種風格，就是為了呈現出一種和善又毫無個性的專業形象。他的外表暗示著：**我不占位子也不會鬧事**。尤其不會是發出**那種聲音**的人。

比起他在失去意識、眼鏡歪斜，身上那件實用又合理的毛衣往上捲起而讓他露出鬆垂的大肚子的狀態下被拖下飛機，杜成德發出的那個聲音更令人感到不安。在他被拖出飛機之前，三名航警把杜成德從他的靠窗座位扯出來，那動作就像是抓著貓鼬的後頸皮把牠從洞穴中扯出來。然後你聽見杜成德發出那個彷彿在咆嘯、又像鼬鼠一樣的尖叫聲。在經濟艙這種公共場所聽見那種叫聲真會讓人心跳停止。那聲音太令人痛心。他就算大便在自己身上可能都沒這麼慘。他到底得花上多少年才能證明自己其實是個談吐得體的人？

所有曾必須忍受經濟艙航程的人都可以理解杜成德的處境。媒體將他的身分描述為「乘客」、「醫生」，以及一名「男性」，也就是說，大家一開始不認為他的亞裔身分是本次事件的重點。說不定在這個少見的例子中，這名亞裔男子反映的終於是所有美國中產階級的困境，但我無法相信是如此。杜成德不是「所有人」的縮影，因為不是所有人都會受到這種殘暴的對待。同時在我的眼中，杜成德也不是隨便一個普通男人，他就是我的父親，而在航警眼中，他也不是隨便一個普通男人，他就是個物品。他們抬起他被動、不陽剛、不值得信任、可疑又屬於外來者的身體。在他們行動之前，多年來累積的刻板印象勢必曾下意識地閃過他們的腦海。

而且也不是隨便一個普通男人都會做出跟杜成德一樣的反應。在恢復意識之後，杜成德逃離警衛的掌握並重新衝回飛機。他一邊沿著走道奔跑，一邊用思緒混亂的輕柔口氣反覆說著：「我必須回家、我必須回家。」血從他的口中流出，再沿著下巴流淌。後來大家才發現，航警在把杜成德從座位拖出來時害他的臉撞到座椅扶手，因此砸斷了他的鼻樑和牙齒，並導致可能讓他產生幻覺的腦震盪。杜成德看起來暈眩又恍惚，他到處找著能坐下的位置，又或者是任何足以安頓自己的事物。他最後在分隔不同等級座艙的掛簾邊坐下，手裡緊抓著那條掛簾，就彷彿那是一座行刑絞架，並說：「殺了我吧，現在就殺掉我吧。」

這可不是隨便一個普通人的狀態。在這個例子裡，杜成德身處的是另一個時空。在遭到驅逐時，他遭遇的野蠻手段很可能觸發了深埋在心底的創傷。一九七五年，西貢淪陷。他的家不再是他的家。杜成德當時被迫以難民身分逃離家園，後來和妻子在肯塔基州養大五個孩子，這個新家因為他毀譽參半的起伏過往——如果媒體報導還算可信的話——又經歷了其他一些荒謬的困境。杜成德曾透過非法交易處方藥來換取性服務，並在被逮到後失去醫師執照，之後只能靠賭撲克牌來賺錢。擁護他的人認為他的犯罪紀錄跟這次的聯合航空事件無關，這點我也同意，可是這段過往對我來說相當重要，因為可以幫助我以更為複雜、實際的視角來看待杜成德這個人。杜成德不是罪犯，但也不是如同機器人般永遠不用休息的勤奮移民，他不是在逃離家園的苦難後透過堅忍不拔的毅力奇蹟似地往上爬，最後成為那種孩子也都當上醫生的傑出醫生。對許多移民來說，如果你是帶著創傷移居此地，為了讓自己有辦法撐下去其實什麼事都幹得出來。你會偷情、打老婆，或者賭博。你是個倖存者，而且跟大部分倖存者一樣是糟糕透頂的家長。看著杜成德時，我想起我的父親也曾看著他的父親被拖出自己的家。我想到歷史上有多少亞洲人在違反自身意志的情況下被拖出自己的家，他們遭到驅逐、趕出自己出生的家、移民後建立的家、出生的國家，甚至還有移民後的國家：他們總是慘遭驅趕、放逐，他們被迫流亡。

在聽到「講到排在白人之後的種族，第一名的就是亞洲人了」時，我自動把前半句用「講到消失這件事」來取代：講到消失這件事，第一名的就是亞洲人了。我們亞洲人以高成就及嚴謹守法著稱，我們的身影總會消失在這個國家健忘的濃霧中。我們無法掌權，只是逐漸遭到掌權者吸收；我們也無法與白人共享權力，只是在剝削我們祖先的白人意識形態面前擔任如同丑角的奴才。這個國家堅稱我們的種族身分不是重點，就算我們遭到霸凌、難以升遷，或者每次講話都被打斷，總之都跟我們的種族沒有關係。我們的種族甚至跟這個國家沒有關係，這也是為什麼在任何調查中，我們都只會被列在「其他種族」的分類裡，另外在有關強暴、職場歧視或家暴的調查中，我們也很難在其中找到屬於我們的種族分類。

我想，這就是被當作鬼魂無視的感覺吧，在失去所有相關的社會線索後，我不知道該用什麼樣的相對性準則來衡量我的行為。我總是在腦中不停翻來覆去地想：剛剛我本來可以怎麼做？剛剛我本來可以怎麼說？我開始不信任自己的所見所聞。我的「自我」價值感不停快速下降，而無止盡擴張的「超我」卻激動地抱怨自己不夠有存在感，而且永遠不夠，所以我開始強迫性地要求自己做得更好，**讓自己**更好。我盲目地追隨這個國家追求自利的真理，並透過累積財產淨值來證明我的個人價值，直到我終於消失無蹤。

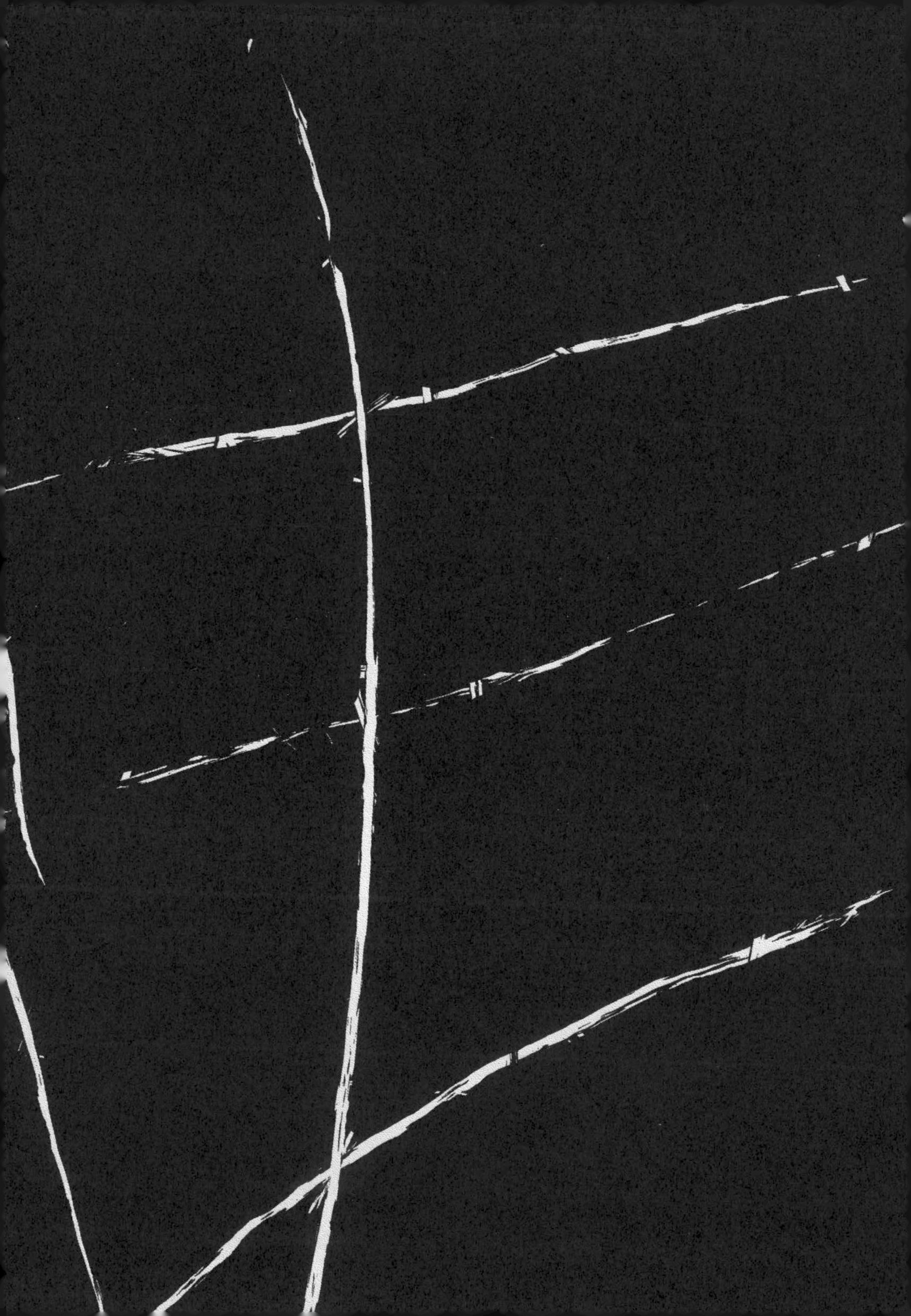

站起來
STAND UP

雪花落下，樹木像是長出蓬鬆雜亂的白髮，等街道被無聲的飄雪覆蓋後，整座城市就像是遭到白雪抹去。我們的無隔間大公寓中有一座工業用暖爐，這座暖爐會發出如同噴射機的隆隆聲響，讓我和丈夫幾乎很難聽見彼此在說什麼，不過反正我陷入憂鬱症的那一年也很少講話，大部分的時間不是癱在床上就是沙發上。我只是心電圖上閃爍的光點。我幾乎不睡覺、幾乎不吃飯，更別說寫作了。冰箱裡開始堆滿外送食物，這些食物逐漸堆積成一片覆滿黑色海膽的海底荒原。有時我會確認電子郵箱裡的信件。我點按使用「無紙郵件」（Paperless Post）介面寄來的卡片，於是那個信封在我點擊後自行打開，裡頭的卡片浮現在螢幕上，然後我把筆電蓋上。

我丈夫提議一起看我從沒看過的紀錄電影《李察．普瑞爾：火爆現場》（*Richard Pryor: Live in Concert*）。由於家裡沒電視，他將影像投射在沙發對面的白牆上，普瑞爾於是在我們家現身。出現在這裡的他有兩百一十公分高，氣勢非凡，而且立刻為我們這個黑暗空間帶來俐落光線。在八十分鐘的演出中，汗水從他的腋下大量湧出。就在他模仿心臟病發的男人，還有模仿他的迷你寵物猴為了幹他的耳朵而在他頭上慌亂尋找的模樣時，他身上的紅絲綢襯衫開始被汗水浸溼。我只會在緊張的時候流汗，當我緊張時沒有任何止汗劑可以保護我，所以只要是去教書或必須進行某種演出時，我總是避免穿著淺色衣物。可是普瑞爾就敢穿絲綢，這種衣料不但不透氣，還會如同吸油紙一樣暴露出所有汗水的痕跡。

但在進行這些搞笑表演之前，普瑞爾大步走上台看著所有白人找到位置坐好，眼神就像觀察動物園裡的動物，然後他說：「每當白人回到座位，卻發現有個黑人偷走他們的位子時，那情況可有趣啦。」他用一種充滿鼻音的「白人」聲腔問：「我們剛剛不是坐在這裡嗎？我們剛剛就坐在這裡啊！」然後他又換回黑人的聲腔回答：「哎呀，現在坐在位子上的就不是你嘛，狗娘養的。」

在《笑話與潛意識的關係》（*Jokes and Their Relation to the Unconscious*）這本書中，西格蒙

德・佛洛伊德（Sigmund Freud）將笑話分成兩類：無傾向笑話（non-tendentious joke）和有傾向笑話（tendentious joke）。無傾向笑話是善意且無害的，例如那些講給小孩聽的有趣謎語。有傾向笑話則充滿攻擊或猥褻元素，有時甚至兩者兼具，而其中暴露出的是我們壓抑的潛意識。當四〇年代的非裔美國藝人在後台講一些荒唐故事逗大家笑時，他們把這些後台笑話稱為「謊話」。這些謊話是具有強烈傾向的笑話，平時在街角、撞球間還有理髮店內流傳，而且永遠跟那些拘謹又正經的白人保持遙遠的距離。普瑞爾說的就是謊話——他捏造故事、憤怒叫囂、自我吹噓，甚至從保齡球瓶到正在高潮的白人鄉巴佬都可以模仿。針對種族這個議題，普瑞爾的謊言比我當時讀過的任何詩歌和小說還要更加誠實。

普瑞爾生猛有力的姿態徹底改變了我對這個世界的看法。之前的我不知道他不只是一名喜劇演員，還是個藝術家和革命家。他拋棄了讓搞笑段子活起來的關鍵結尾句，為的是證明站立喜劇可以幻化成任何事物，而這正是天才會做的事：他們在自己選擇的藝術領域中摧毀陳舊傳統，讓你們知道可以藉由任何形式將歌曲、詩作或雕塑作品呈現出來。

等到憂鬱問題終於緩解之後，我開始著迷於抄寫普瑞爾的所有表演音檔及影片內容，並意識到普瑞爾的話寫在紙上後不是很有趣。一旦除去他所呈現出的歡鬧氛圍，普瑞爾的用字其實嚴厲又莽直，原來他的幽默就像溶劑，而溶劑揮發後只會剩下憤怒的鹽粒。造成這種效果的其中一個原因是他總在表演時不停咒罵，比如他就惡名昭彰地愛用「N」[1]開頭的那個字，幾乎可說是把這個字當成標點符號在使用。他的獨白寫在紙上時不但顯得嚴苛，也充滿令人警醒的深意，比如他在其中一段極為尖刻的自剖中提起，「純真年代」是黑人沒有機會體驗到的特權：「我到八歲前都是個孩子，然後就成了**黑鬼**。」

正如許多評論者所指出，普瑞爾的傑出仰賴的不只是精巧措辭，還在於他如何將獨白內容具體地呈現出來。他是個一人表演團隊，而且他轉化個體經驗並觸及各種人類情感的才華可謂耀眼奪目。我特別著迷於他的臉。只要普瑞爾說出有關受傷的話語時，他

1 譯注：「N開頭的字」指的是「黑鬼」（Negro）。

的表情也會呈現出那種受傷的質地。普瑞爾曾說過一個故事，故事中他養的一批性成癮的猴子死了，於是他在後院哀悼牠們的死，此時鄰居的德國牧羊犬跳過籬笆來安慰他。我得提醒你，普萊爾這時在模仿的是狗的動作，可是透過那雙傷心欲絕的眼睛，他召喚出人類能感受到的所有痛苦感受。

就跟大多數的作家和藝術家一樣，剛展開演藝事業的李察．普瑞爾也曾想要模仿別人。他想成為比爾．寇斯比（Bill Cosby）[2]那樣的藝人，還希望之後能上艾德．蘇利文（Ed Sullivan）[3]主持的節目，當時的他說的都是些有益身心健康的笑話，也就是能吸引白人觀眾的笑話，但他感覺自己像個詐欺犯。有一次，普瑞爾受邀前往拉斯維加斯當地著名的阿拉丁飯店（Aladdin Hotel）表演。他上台後站在聚光燈中，凝視著包括狄恩．馬丁（Dean Martin）的滿座白人觀眾，然後突然領悟到：人們不會樂意讓他的奶奶（他稱為mama）進入這個空間。普瑞爾是由爸爸那邊的奶奶撫養長大，他的奶奶名叫瑪麗．卡特（Marie Carter），在他位於伊利諾州皮奧里亞的家鄉，這位令人敬畏的奶奶是三間妓院的老鴇。他的母親葛楚・湯瑪斯（Gertrude Thomas）在把普瑞爾留給奶奶照顧之前，其實就是在她的其中一間妓院上班的性工作者。在他的站立喜劇表演中，普瑞爾直接談起他在妓院的孤獨童年：「我還記得那些性事花招會在附近的鄰里間流傳，而我就是因此有機會遇到白人。因為他們會跑來說『哈囉，你媽在家嗎？我想要有人幫我吹一下老二』。」

他的傳記作家大衛和喬・亨利（David and Joe Henry）寫道，正是在拉斯維加斯的那一晚永恆地標記出普瑞爾人生中「西元前—西元後」的分界時刻，在那天晚上，普瑞爾殺掉了在他表演中徘徊不去的寇斯比身影，開始在喜劇中找出自己的道路。就在那天，普瑞爾面對著他在拉斯維加斯的這群觀眾，傾身靠近麥克風說：「我到底天殺的在這裡幹什麼啊？」然後就這樣走下台。

---

2 譯注：比爾・寇斯比（1937-）為美國家喻戶曉的喜劇演員，因在一九八四到一九九二年的《天才老爹》（*The Cosby Show*）劇集中所飾角色而為人所知。

3 譯注：艾德・蘇利文（1901-1974）是美國長青綜藝節目《蘇利文劇場》（*The Ed Sullivan Show*）的主持人，該節目從一九四八年開始至一九七一年每星期日晚上八點到九點播出，知名藝人如貓王、披頭四都曾上過該節目。

看著普瑞爾，我也獲得跟他類似的啟示：我到底天殺的在這裡幹什麼啊？我到底為了什麼在寫作？

關於「觀眾」這個議題，詩人頂多就是抱持曖昧不明的態度，甚至大多時候輕蔑以對。英國作家羅伯特・格雷夫斯（Robert Graves）曾說，「永遠不要用『觀眾』這個詞。除非詩人是為了錢在寫作，不然『觀眾』一詞中帶有的公眾概念在我看來是不對勁的」。又或者有些詩人會以純理論的方式來面對「觀眾」這個議題，認定自己是在為未來的觀眾寫作。這是個高尚的答案，我也是用這個答案來間接表明自己是在努力書寫超越當代潮流及偏見的作品。我們稱頌詩歌的**緩慢特質**及其得以漸進滲透心靈的方式，那跟今日足以令人麻痺的大量資訊衝擊完全相反。

我們總說我們不在意觀眾，但這是謊言。詩人也可能執迷於地位的追求，他們當中也有些人是我見過最懂得阿諛奉承的傢伙。這可能會讓外界有些人感到迷惑：詩人到底要怎麼阿諛奉承？他們明明就沒有可以阿諛奉承的觀眾啊。這是因為詩人的觀眾就是這個體制。我們的生存仰賴的是管轄權更高的單位，例如學院、文學獎評審團、獎助金，並藉此累積社會資本。若一位詩人想在主流市場獲得成功，最為關鍵的康莊大道就是獎助體系，而由於每次的結果都是評審團多方妥協而來，最終榮耀獲選的那本書通常也能確保無需承擔美學或政治上的風險。

看著普瑞爾的表演，我意識到自己的作品仍在把這個體制當作觀眾。這是個很難一腳踢開的習慣。我從小受到的教養及教育都要我取悅白人，這種想要取悅的渴望已深深銘刻在我的意識深層。就算宣稱要為自己而寫，我的自我當中仍有一部分想取悅白人。

我不知道該如何逃脫這件事。

對十五歲的我來說，寫詩的神祕程度不亞於用西里爾文字[4]來寫作，所以在翻看我的高中文學刊物時，我早已做好讚嘆同學精采詩作的心理準備，結果卻非常失望地發現，他

4　譯注：西里爾文字（Cyrillic）發源於保加利亞，為大部分斯拉夫語言所使用的書寫文字，為現今眾多斯拉夫國家所使用。

們矯揉做作的各種冥思中並沒有**彼方**的存在。他們這種外行手法讓我得以大膽寫出自己的作品。反正看起來也沒多難嘛，我心想，我敢打賭我也做得到。於是我寫了一首詩，並因此興奮地頭昏眼花，就彷彿發現了全新的魔術花招。

當時我和家人住在洛杉磯的一個新興開發區，當地有許多還在修建中的房子。仍有鹿群在這一帶灌木叢生的平坦丘陵頂端遊蕩，時不時還咀嚼著滿山的薊和三齒蒿。我曾在一個滿月的夜晚看見一隻雄鹿，這隻頭頂冒出一丁點鹿角的雄鹿彎曲後腿往下蹲，在我們後院大完便後輕盈跑開。我覺得我們家鬧鬼，我會在晚上因為床架的吱吱嘎嘎聲驚醒好幾次，甚至還有一次，我因為有個隱形的鬼魂試圖把我的身體抬離床墊而驚醒，只能為了不飄走而緊緊抓住床單。

當時的我真的很寂寞，而且總是覺得自己沒什麼存在感。是直到我開始進行藝術創作以及後來開始寫詩之後，我才覺得「自我」的輪廓逐漸清晰起來。藝術和詩歌讓我有解放的感受，我的肉身因此消解，身分認同也因此片片剝落，於是讓我得以想像自己過著不同的人生，而所有我讀到的一切都在肯認這種自由。約翰・濟慈（John Keats）就說一位詩人「沒有身分認同——他持續在尋找、準備填滿另一個人的身體」。羅蘭・巴特（Roland Barthes）也說：「文學是所有主體進入後即會佚失的中性體、複合體及間接體，是讓所有身分認同消失的圈套，只是以在書寫的那句身體的身分認同作為開端。」

但在成為一名出書詩人後，無論筆下寫的是什麼，我都無法再懸置自己的亞裔女性身分。就算身體不在場，我那如同幽靈般揮之不去的作者身分仍限制了我所能觸及到的讀者數量及種類。我多天真啊！竟以為隱身在文字背後就能扮演上帝！如果惠特曼的「我」含括了各式各樣的大眾，我的「我」只含括了這個國家中百分之五點六的人口。所有讀者、老師和編輯都透過各式這樣的文字告訴我，我的書寫應該忠於本心，所以身為亞洲人的我不妨就好好書寫有關亞洲人的主題，就算根本沒有人在乎亞洲人，但我又能有什麼選擇？畢竟就算我改寫其他主題，比如大自然好了，我的作品也不會有人在乎，因為我在大家心裡只會是「一個書寫大自然主題的亞洲人」而已。

我總是懷疑讀者只要在讀過我的詩**之後**看見我的名字，這首詩就會因為其中的保險絲瞬間過熱燒斷而故障，而此時讀者會心想：我本來確實覺得我喜歡這首詩，可是現在仔細想想，我其實無法產生共鳴啊。可是我又有什麼證據呢？搞不好讀者沒有共鳴只是因為我沒才華吧？問題是我無法真正確知。無論原因為何，我都無法擺脫這種被困住的感覺。我一直以為問題出在我外表展現出來的身分，可是寫作讓我意識到：就算我不現身，我也無法超越自己。這個領悟將我拋入某種深淵。

我開始看愈來愈多的站立喜劇表演。喜劇有一種我無法在詩歌中找到的通透感，因為這些喜劇演員無法假裝自己沒有身分認同。他們就站在那裡，就在台上，退無可退的他們像是背靠著磚牆面對正在開火的行刑隊。由於他們無處可躲，所以在繼續表演或深究任何議題之前，他們只能毫無選擇地坦承自己的身分（「你們可能已經注意到我是黑人了啦」）。

任何人想靠胡說八道來講喜劇也比較不容易，因為觀眾無法靠著受到「說服」而笑出來。真正的笑聲是一種無法克制的肌肉收縮反應，出現時就像性高潮一樣從你體內爆發而出。你會因為驚喜而笑，但任何驚喜都只可能出現一次，這也是為什麼喜劇這種無情的表演形式只能存在於當下。沒有任何事物能比笑話更快過時。

喜劇演員不只需要觀眾，還迫切渴求觀眾的注目。就算他們的演出技巧再拙劣，我還是對這些喜劇演員將觀眾納入表演的手法感到讚嘆，他們甚至可以把觀眾的反應及不自在都拿來當成素材。在《李察．普瑞爾：火爆現場》的開場，普瑞爾不只直接點出觀眾的種族組成，還把他的白人觀眾變成一種奇觀，讓他們連回到自己的座位時都不太自在：「耶穌基督啊！看看那些正趕回座位的白人啊！」

在那之後的文學景觀當然是更多元了，可是在我比較年經的時候，無論我的朗讀會是辦在酒吧、書店還是大學，來參加的觀眾大多是白人。由於這種充滿白人的空間已經成為一種常態，我通常不會特別注意到，可是一旦注意到了就會感受到這個空間內的「白人性」（whiteness）。假如一個中性的背景色——比如白色——會在你經過的所有地方變成交通錐的橘色，你會開始累積慢性壓力，心智也會像被撒了鹽的蛞蝓一樣凝結起來。這就是我的感受，只是我得假裝沒看見那片不停跟著我的橘色。

詩歌朗讀的唯一功能是讓我知道自己正在失去對詩歌的信仰，這件事很危險。或許朗讀會曾是對大家都很重要的一種溝通形式，可是時至今日，那些基督教風格的罐頭儀式——照稿念的打趣橋段、氣音很重的「詩人口吻」、機械化的傻笑，還有表達肯定但口氣孤寂的「嗯」——感覺起來卻只是食之無味、棄之可惜。每當有詩人在稱頌詩歌的療癒力量，而我用如同聖人的莊重姿態點頭表示同意時，內心卻總是因為這一切充滿糖精的情懷而進入糖尿病休克。最糟的是我還會欺騙我自己，因為我就是會對「觀眾」這個概念嗤之以鼻的那種詩人，畢竟在意觀眾只會汙染我的「藝術節操」。可是在朗讀會上，無可否認的是，我就是在為整個空間內感到無聊的白人表演，而且還迫切想要獲得他們的認可。

我從來不會直接跟我的觀眾對話，只有一種情況除外：感謝他們並保證我只剩兩首詩要讀。很多詩人都會尷尬地這麼做，為的是藉此承認他們也很清楚自己的朗讀只是一種無趣的負擔。我從沒想過要像喜劇演員一樣直接對觀眾點出這個空間的「白人性」，也從沒想過大聲拋出像是「觀眾裡有拉丁美洲人嗎？」的問題，然後在任由沉默蔓延地有點太久後再突然大聲問：「那觀眾裡有黑人嗎？」

我總是假裝自己不是現場唯一的亞洲女性，至少就我的感覺而言，這樣做會讓空氣中充滿緊繃的張力，就彷彿我的身體其實是一個笑點，但卻始終沒有一個笑話的結尾關鍵句來釋放累積的張力。可是為什麼不把那樣的張力釋放出來呢？如果我被預期應該書寫我的亞裔認同，那為什麼不把我是現場唯一的亞洲人這一事實大聲說出來呢？

我開始不在我的朗讀會上朗讀自己的詩，而是開始做站立喜劇。我就是無法忍受再朗讀任何詩作，因為這麼做帶來的羞辱感就像放射性物質一樣，總會在結束後還殘留在我的皮膚上好幾天。所以我想，如果改講站立喜劇，至少我還得以刻意羞辱自己，這樣帶來的不快感受似乎比較不糟。一開始，我會朗誦其他喜劇演員的笑話，這種做法違反喜劇的基本原則，可是我找了一個方法說服自己：我是在搞一種概念性的噱頭，不是真的在講站立喜劇。然後我開始偷渡一些自己寫的笑話，最終只講自己的笑話，至於內容則全部取自我的私生活。我從來不是一個寫自傳詩的詩人，但現在把私人生活寫成笑話的行為似乎暴露出內心深處的被虐狂傾向。如果人們不覺得我的笑話好笑，我就會在說有關我人生的笑話時做出更誇張的效果，就算為此搞得狼狽不堪也無所謂。

我從來無法在書寫自己的種族創傷時感到自在，因為傳統上用來表達種族創傷的文體形式無法讓我滿意。告解詩感覺不太對勁，因為那讓我的痛苦感覺獨一無二、異常特殊，而且如同歌劇般莊嚴宏偉，但我的真實生活卻顯得相對平庸。我也無法用傳統的寫實敘事手法來寫小說，因為我不想將我的思緒固化成一種人類學式的體驗，好讓讀者可以在讀過我的小說後心想：哇，「韓國人的生活」真令人心碎！

可是在看過普瑞爾的表演——並抄錄下所有他的站立喜劇影片和音檔內容——之後，我覺得我找到了一個讓自己坦率書寫亞洲人經驗的方法。不過我並沒有在朗讀會上表演太多次站立喜劇。第一次表演時，現場所有人爆笑出聲，這讓我很興奮，可是大多時候人們總是顯得很困惑。活動主辦方對我的花招感到迷惘，現場的觀眾也不知道該怎麼辦，於是只能不太有把握地輕笑出聲或擺出像是看見我尿褲子的表情。威廉斯堡（Williamsburg）有間酒吧名叫「藥頭的店」（Kokie's），裡頭真的有人會在投幣點唱機旁兜售一包二十元的古柯鹼。我在二十幾歲時曾和朋友去過幾次。我會買一包古柯鹼後和其他客人一起待在一個用簾子隔起來的地方，然後用我家的鑰匙邊緣沾著那些神祕的劣質粉末嗅吸。有一天晚上，兩個身材高大的多明尼哥男子在那裡盯著我瞧，他們一臉震驚，最後其中一個人終於開口：「我從沒看過亞洲女孩吸這個。」

我把這段經歷編成一個笑話。又有一次，有個來自南方的白人記者問我中國人、韓國人和日本人之間真正的差異是什麼？我於是也把給她的回覆編成一個笑話。我的這些笑話都寫得很差，至於說笑話的技巧，說好聽一點也只能說是笨拙的程度，但我是在做一種實驗。我想找出一種結構，我希望這種結構足以刺穿當時壟罩著文學社群的「體面政治」（respectability politics）濃霧。有色人種作家無論是詩作還是本人都必須表現得更好。他們必須表現殷勤又令人愉快，好讓白人感到舒服自在，這樣白人才有辦法同情他們的種族化經歷。我永遠無法忘記聽過一位獲獎的有色人種詩人在一次問答環節時說：「如果你想寫種族議題，就得禮貌地寫，因為這樣人們才會聽你說。」

文學本來應該要為不同文化之間搭起橋樑，可是，一旦我對出版產業中的不平等現況有所認識，這所謂的文學「公理」聽起來便顯得虛假。出版社會將所有族群的故事都處理成「單一故事」，而關於這所謂的「單一故事」的形成，奇瑪曼達·恩格茲·阿迪契

（Chimamanda Ngozi Adichie）是這樣說的：「（他們）創造出單一故事，將一群人以同樣的面貌展現出來，就彷彿他們都一樣，並在反覆強調這個故事後讓他們最後只能是這個模樣。」正如作家馬修・薩雷斯（Matthew Salesses）二〇一五年發表在「文學中心」（Literary Hub）網站上的一篇文章所寫道，這個產業用兩種方式來建制這個「單一故事」：一、許多出版社只有一個華裔美國作家的出版名額；二、就算身為華裔後代的作家不只一位，關於華裔美國人的經驗，他們必須複製早已通過市場檢驗的故事模板才能獲得成功。

這個情況在我書寫這本書時已有改變。詩歌正進入文藝復興的時代，其中許多最令人感到興奮——而且也名符其實獲得推崇——的作家都是有色人種。小說的情況也一樣，可是我對這個文類不是那麼有把握，畢竟這個行業中還有百分之八十六都是白人，而且小說更容易受到市場讀者變化莫測的品味所影響。正如詩人普拉吉塔・夏瑪所說，面對種族這個議題時，美國人認為就像悲傷和不幸一樣都有保存期限，只要過了一段時間就會期待你能放下過去。但即便對前景如此存疑，我仍希望我們可以抓住這個機會來徹底改變美國文學，並全面檢修這早已讓我們的身分認同成為膝反射且早已老舊不堪的敘事。那樣的敘事讓白人讀者愉快，但也讓他們永遠無法進入我們所生活的現實——同時阻礙我們用自己的語言表達自己。

在最近的二十年來，鍾芭．拉希莉（Jhumpa Lahiri）的故事直到最近都還是少數族群小說的模板，這些故事證明亞裔美國移民都是順從又努力的人。這不是拉希莉自己的問題，我認為她有著相當迷人的說故事技巧，問題在於之前有一段時間，出版產業將她的作品定位為移民生活的「單一故事」。這樣的故事使用令人自在且恰到好處的族群樣板來滿足白人讀者對文化差異的興趣，拉希莉的文字平淡、節制又白話，她的角色從不會思考或有任何感受，他們只是**行動**：「我……開了個銀行帳戶，租了個郵箱，然後在沃爾沃斯超市買了一個塑膠碗和湯匙。」她筆下的角色總是非常低調，而且迴避任何有關內心世界的描寫，正如評論者胡珍（Jane Hu）在《紐約客》上所寫的，在為讀者描繪出所謂的亞洲性（事實上，與其說是南亞的亞洲性，這裡講的更接近東亞的亞洲性）時，這種寫法已成為一種相當典型的文學情感（literary affect）模式。

在拉希莉的故事〈第三暨最後一個大陸〉（The Third and Final Continent）中，主角從加爾各答移居到波士頓，然後在這裡跟一位年邁的白人女房東一起生活。她總是趾高氣昂地把他當成一個小男孩在對待，但她過時的種族歧視態度並沒有造成問題，他還是逐漸開始喜歡上這位老太太，這兩個擁有不同文化背景的人後來也有默契地達成了某種彼此理解的關係。後來，他的妻子也來波士頓與他同住，他們兩人相當輕鬆地融入了美國文化——「我們現在是美國公民了」——他的兒子也在長大後進入哈佛就讀。

拉希莉的大部分故事都遵循著藝術創作碩士班的原則，即「展示，而非講述」，這能讓讀者直接代入角色的痛苦，而不需要如同蘇珊．桑塔格（Susan Sontag）所寫的：在「同一張地圖上」辨識出自己相對於角色苦難的優勢地位。由於角色的內在思緒全面撤出，讀者可以直接進入帶領角色意識前進的後台座艙，用如同看電影的方式看見角色的所見，而不會持續受到作者主觀評論的干擾。

族群文學寫作一直是一種人本主義的寫作，非白人作家必須在其中證明他們同樣是可以感受到痛苦的人類。但未來是否有可能讓我寫的「我」只是「我」，而不只是整個族群的代名詞？也不用藉此懇求你們相信我們是同樣能感受到痛苦的人類？現在是這樣：我不思考，故而我存在——我**受傷**，故而我存在。因此我寫的書被以疼痛指數來分級。如果指數只有二，或許我的故事並不值得訴說，但如果有到滿分的十分，或許我的作品就能成為暢銷書。

當然，有色人種作家仍必須訴說有關種族創傷的故事，只是有太長的一段時間，我們的故事都受到白人的想像所限制。出版社期待作者能將他們的創傷私人化：在角色能走到自我肯定的頓悟時刻之前，必須先受到一個不同凡響的家族或歷史悲劇試煉。在許多亞裔美國人寫的小說中，作者將這項創傷設定在遙遠的母國或與外界隔絕的亞洲家庭中，為的是確保這樣的痛苦沒有在指責美國的帝國主義地緣政治或國內的種族歧視問題。那些造成他們苦難的外圍力量——亞洲父權主義的父親們、當時的白人——必須顯得非常遙遠而模糊，好讓包括讀者在內的所有人都能擺脫相關責任。

身兼詩人和小說家的王鷗行（Ocean Vuong）在剛展開寫作生涯時可說是體現出人類

堅忍毅力的活生生案例。評論家總是不放過任何機會重提他的經歷：王鷗行出生在越南一個種稻的農家，越戰結束後以難民身分移居到康乃狄克州，然後他的母親把他重新取名為「海洋（Ocean）」，為的是能讓他在美國重新開始。王鷗行一直到十一歲都還不識字，這段過去讓他成為寫作天才及獲獎詩人的經歷更散發出奇蹟般的光芒。

我很喜歡他出道的那本詩集《夜空穿透傷》（*Night Sky with Exit Wounds*），所以常在我的詩歌工作坊中把這本詩集當作教材。這本詩集談的大多是他的酷兒欲望如何根植於兒時必須承受的親職暴力。在一首有關敘事者父親的詩作中，王鷗行寫道：

……沒用。
我翻過他的身體。面對
它。聖堂在他深黑如海水的雙眸裡。
這不是我的臉，但我將戴上它
親吻所有愛人晚安[5]

在他父親毫無生氣的雙眼中，敘事者看見殖民主義及戰爭所留下來的父系廢墟。敘事者和父親及自己出生國家的暴力過往產生了肉欲層面的認同連結，並試圖反覆透過與陌生人的殘暴性事來重拾這樣的認同。

在評論他最新的小說《此生，你我皆短暫燦爛》（*On Earth We're Briefly Gorgeous*）時，輿論非常仔細地關注到他身分認同中的複雜交織性，這種反應是文學環境正在改變的徵象。可是即便直到極為晚近的二〇一六年，大部分媒體卻仍忽視王鷗行的酷兒身分，因為這個身分不符合他們腦中「悲慘越南難民」應有的形象。在好幾場訪談中，王鷗行都被要求詳述他在身為難民那段慘澹時期的難受經歷，以及他在詩歌中所尋獲的救贖。他讓大眾感到安心，因為他不但獲得稱頌，還撐過了傷痛的煉獄，因此，他的詩作和人生經歷扎實地與美國人相信「任何人只要努力就能成功」的神話焊接在一起。

5 譯注：出自詩集《夜空穿透傷》中的詩作〈鐵雷馬庫斯〉（Telemachus），繁中版由時報出版，何穎怡譯。

李察・普瑞爾在表達他的創傷時也完全意識到，長久以來，美國人在觀看承受著痛苦的黑人身體時都很享受。美國作家暨評論家希爾頓・阿爾斯（Hilton Als）在《紐約客》上針對李察・普瑞爾書寫了他的個人觀察，並在其中針對推崇有關黑人經歷的單一故事現象表達看法：

> 「黑人性」（blackness）的主題在美國思潮中的發展過程令人感到奇怪且不滿：第一個原因是，如果黑人希望自己的心聲被聽見，需要解釋的對象幾乎總是主要為白人的觀眾，再者，人們普遍預設黑人性當中只有一個需要訴說的故事——讓自由主義者有罪惡感的受壓迫故事。

可是當普瑞爾揭露出自己的個人創傷——比如他小時候被打、又比如彷彿實況轉播地詳述他曾差點死於心臟病的經驗——本來預期要來大笑一場的觀眾會被引發出什麼樣矛盾又迷惘的反應呢？他的故事實在太令人心碎，我卻笑到眼淚都流出來。在《李察・普瑞爾：火爆現場》中，普瑞爾將他的心臟比喻成一個人。「別呼吸！」他的心臟用嚴厲凶狠的聲音命令他。「你在想快死掉的事……你不能在吃那片豬排時想這種事！」就在他遭到心臟玩弄的期間，普瑞爾跪倒在地，仰躺，身體在舞台上不停扭曲，而他的心臟——此時扮演的是普瑞爾內心的警察——就這樣把他揍到無力反抗、甚至即將死去。我們真的笑到停不下來。

普瑞爾開玩笑地說：喜劇其實是在奴隸船上發明的。當時其中一個奴隸轉身對另一個奴隸說：「你以為你的日子很慘嗎？昨天我還是國王呢！」學者葛蘭達・卡皮亞（Glenda Carpio）說，普瑞爾「把黑人式幽默推上舞台……而這種幽默形式的開端，是為了要奪取一種得以嘲笑各種不公及殘酷處境的自由」。

幽默是一種生存形式，得以讓黑人與自己的奴役狀態保持必要的心理距離。幽默也是一個流傳於地下世界的密碼，透過這種密碼，奴役主不只無法參與這個世界，還會成為受揶揄的對象。拉爾夫・艾里森（Ralph Ellison）在文章〈笑聲的一種放肆面向〉（An Extravagance of Laughter）中寫道，當白人聽見黑人的笑聲時，他們常會有一種「迷惘又隱約的感覺，他們會覺得自己受到諷刺，但又不太知道這一切是怎麼發生的」。

在一座南方的小鎮中，曾有白人因為覺得深受黑人笑聲威脅，所以在小鎮廣場設置了許多桶子，只要黑人想笑就得把頭塞進那些桶子裡，目的的是阻止自己表現出快樂的樣子。儘管艾里森在文章中講述的這個故事像是杜撰的，可是在二〇一五年，曾有十一名讀書會的女性搭乘骨董火車造訪北卡羅萊納州的許多酒莊，這十一名女性中有十名是黑人，一名是白人，她們一路都很愉快，直到火車停在某個車站時，幾名警察衝上來把她們趕下車，因為有人抱怨她們笑得太大聲。

這個事件催生出社群媒體上「#身為黑人在笑（#laughingwhileblack）」的標籤。

卡皮亞認為，普瑞爾是第一個把黑人的幽默帶到白人觀眾面前的人。許多非裔美國人也同意她的看法，並談到他們初次聽到普瑞爾講笑話時所經歷到的「體認的震撼」（shock of recognition）[6]。他們之所以會感受到這種體認的震撼，很可能是因為他不是任何人的代言人。在舞台上的普瑞爾可怕、好鬥、歇斯底里，而且總在吹噓自己的自毀行徑。不只如此，普瑞爾撬開了埋藏在歷史深處的禁忌：「種族通婚」。他招搖地說出自己對白人女性的欲望。舉例來說，在比較白人女性愛人及黑人女性愛人的笑話中，他剛好踩在介於強化及顛覆刻板印象之間的那條線上：

白女人和黑女人真的有一點不同。我跟這兩種女人都約會過……黑女人呢，你得吸她們的下面，而且她們會說「等等，黑鬼，該死。往左邊一點，操你媽的。給我好好吸啊操你媽的，下去」。至於白女人，你可以直接幹她們，如果她們如果沒有高潮，她們會說「沒關係的，我就躺在這裡自己用自慰蛋」。

當普瑞爾用各種例子把黑人和白人設定成二元對立關係時，我作為一個韓裔美國女性又將自己放在什麼位置呢？前一刻我還在嘲笑白人，而且把黑人受到的壓迫當成自己也受到的壓迫一樣感到憤怒，但下一刻我就意識到自己其實跟白人站在同一陣線。當普

6 譯注：美國小說家赫爾曼·梅爾維爾（Herman Melville）曾表示，「體認的震撼」就是看見自己的經驗被用不同語句反映出來時的感受。

瑞爾繼續深入探討白女人和黑女人在性方面的差異時，我開始感到愈來愈不自在。我會笑是因為我不是黑人也不是白人，因此得以逃脫被滑稽地誇張化或物化的不舒服感受嗎？我應該為了這些白人女性或黑人女性而覺得受冒犯嗎？

普瑞爾的獨白中充斥著性別歧視的刻板印象，比如黑女人更有攻擊性、更像男人，白女人相較之下則顯得溫順且極度女性化。在此同時，普瑞爾把自己設定成一個極具男子氣概且受到眾多女性爭搶的黑人男性。然而他所建立的這種形象中卻潛藏著更複雜的關係動態，因為普瑞爾仍在這樣的形象中祕密崇拜著黑人女性，原因是她們不會吞忍他做的爛事；在此同時，他也極具策略性地坦承白人女性的溫順不是因為極度女性化的緣故，正如希爾頓．阿爾斯所寫道，白人女性的溫順其實是源自白人內疚感。到了最後，普瑞爾還把自己變成嘲弄的對象，坦承自己始終很難滿足任何女人，無論她們是黑人或白人都一樣。就在這一刻，本來在笑的我突然停下來想，這正是普瑞爾拉開象徵黑人男子氣概的肌肉表演服，向我們暴露出內心的羞恥感。

我第一次看普瑞爾的表演時也有感受到「體認的震撼」。這件事或許有點奇怪，可是觀看普瑞爾的表演讓我回想起韓國人特有的一種情緒狀態：**恨**（한，讀音為han）。這個字結合了因為受到殘暴殖民、戰爭侵襲，以及有美國在背後支持並從未在政治上獲得糾正的獨裁政府統治，因而在多年間累積下來的怨恨、惆悵、羞愧、憂鬱，以及復仇心。**恨**是這樣的從不間斷，甚至得以代代相傳：身為韓國人就是代表可以感受到這種**恨**。

普瑞爾的憤怒及絕望在他一連串的感觸中不斷閃現。當他說出「我很高興我是黑人，不是白人，因為你們這些傢伙得上月球啊」，普瑞爾散發出的憂愁情緒直到我笑完之後都還沒消散，而正是那種憂愁情緒讓他得以如此清晰地看透這個世界。法國哲學家亨利・柏格森（Henri Bergson）曾寫道，幽默當中沒有神，那是全然屬於人類的行為，因為幽默跟崇高是完全相反的概念：幽默沒有讓你獲得超越，而是讓你精準地意識到自己存在於俗世的皮囊。換句話說，普瑞爾也「持續在……填滿另一個人的身體」，可是跟濟慈口中沒有身分認同的詩人不同，舞台上的普瑞爾總是用「身為黑人」的自己在化身成別人。

在普瑞爾身上，我看見這個人透過各種化身展現出我所謂的「少數者感受」：那是一個人所認知到的現實不停受到質疑或否認，並在這些他們每天經歷到的種族困境及令人煩惱的事物不停沉積之後，所發展出的一系列極為負面、令人焦躁不安，且讓人因此不適合上電視的種族化情緒。舉例來說，當聽見別人輕視自己的發言，你心底知道那是種族歧視，可是卻有人告訴你，**哎呀，這些都是你自己想像出來的**，此時少數者感受就出現了。在探討少數者感受時，當今已成為經典的作品是克勞迪婭·蘭金（Claudia Rankine）的《公民》（*Citizen*），其中的敘事者在聽見有人做了種族歧視的發言後問自己：「你說什麼？」她確實看見了那件事，也確實聽見了那件事，可是當她面對的現實被不當一回事太多次之後，她開始質疑起自己的感知。這種受扭曲的感知催生出像是偏執、羞恥、惱怒，以及憂鬱等種種少數者感受。

少數者感受通常不會成為當代美國文學中的重要主題，因為這些情緒不符合推崇求生及自決意識的原型敘事。跟成長小說（bildungsroman）的組織原則不同，少數者感受不是源自任何重大改變，反而是因為缺乏改變，特別是種族及經濟結構上的改變。少數者感受的文學作品不是用種族創傷來架構出個人**成長**的一個變化劇烈時期，而是去探索讓所有個體**無法流動**的種族歧視資本體系所帶來的創傷。這裡談的是「身為黑人」打網球和「身為黑人」外出用餐等所有小事，以及人們在一次次給出證詞後卻只能聽見同樣判決的處境。蘭金的《公民》每次再版時都會把最新遭到警察謀殺的黑人公民姓名添加到書末早已很長的清單中。這個作為是為了記住過去，也是為了表明這個社會的改變發生得不夠快。

我所使用的這個「少數者感受」深深受惠於理論家倪茜安（Sianne Ngai），她曾針對現今晚期資本主義零工經濟所產生的「症狀」進行廣泛探討，而她在其中研究的正是「醜陋感受」（ugly feelings）和負面情緒——像是忌妒、惱怒和無聊——的各種情感質地。就跟醜陋感受一樣，少數者感受也是「情緒沒有受到淨化的各種狀態」，並帶有「持久存在的驚人能量」。

當人們被迫接受美國式的樂觀主義時，少數者感受就會出現，因為那樣的樂觀主義與你自身面對的種族化現實相衝突，因此創造出一種認知失調的靜電干擾。別人會告訴你，「情況已經改善很多了」，但你卻覺得「明明什麼都跟之前一樣」。別人會告訴你，「亞裔美國人都過得很成功」，但你卻覺得自己失敗得一蹋糊塗。這種樂觀主義會讓人產生錯誤的期待，因而進一步強化這些焦躁不安的感受。有一份二〇一七年的研究發現，由於美國遵循公平菁英制度的意識形態，黑色及棕色人種低收入戶的六年級小學生產生更多的自我質疑及行為問題，正如一個老師所說，「他們因為自己無法控制的問題責怪自己」。

少數者感受也是我們決定要**變得難搞**時——換句話說，就是我們決定要變得誠實之後——而被指控出現的情緒。任何表達出少數者感受的人都會被解讀為帶有敵意、不知感恩、心存嫉妒、讓人不快且好鬥，而且白人會認定這些情感是源自他們眼中**超過合理範圍**的種族化行為。在他們看來，我們的感受都是過度反應，因為我們在結構性不平等之下的生活經歷，跟他們自以為真實的現實並不相稱。

在探討少數者感受的文學作品中，讀者找不到釋放情緒的立即出口。一切都在累積中進行，任何改變也是以角色內在「心靈的擺盪不定」或化身成別人的程度來衡量。因為少數者感受是一種持續的過程，導致這些感受必須在連續展開的創作形式或文類中展現得更清楚，像是圖像小說（赫南德斯兄弟、阿德里安·遠峯）、長組詩（汪達·科爾曼、索爾瑪茲·沙里夫、湯米·皮可）、非連續的片段式詩化散文（巴努·卡皮爾、克勞迪婭·蘭金），不過除此之外，少數者感受也愈來愈常在文學小說（保羅·貝提、馬凌雲）中出現[7]。白人男性作者寫過各種暴露出所有缺陷的角色，比如菲利浦·羅斯（Philip Roth）和卡爾·奧韋·克瑙斯高（Karl Ove Knausgaard）就寫過不少，這些作家也在傳統上備受吹捧，就彷彿大家都很欣賞白人男性作家的行為失當，但相對地，人們卻嚴格要求少數族群作家必須表現優良。而且正是因為如此，為了保護白人的感受，我們得將自己的少數者感受放到一邊。

7 譯注：此段提到在美國活動的少數族群創作者的譯名與原文對照如下：墨西哥裔漫畫家赫南德斯兄弟（The Hernandez Brothers）、日裔漫畫家阿德里安·遠峯（Adrian Tomine）、非裔詩人汪達·科爾曼（Wanda Coleman）、土耳其裔詩人索爾瑪茲·沙里夫（Solmaz Sharif）、原住民作家湯米·皮可（Tommy Pico）、英國出生的印度裔作家巴努·卡皮爾（Bhanu Kapil）、牙買加裔作家克勞迪婭·蘭金（Claudia Rankine）、黑人作家保羅·貝提（Paul Beatty）、華裔作家馬凌雲（Ling Ma）。

我出生在洛杉磯的韓國城，在還沒搬到西區之前的童年早期也是在那裡長大。但即便是在搬家後，我們家的社交圈和生意往來對象都還是在韓國城。那裡是我父親以前工作的地方，我們上的教堂也在那裡，我們家看的醫生、去的雜貨店、習慣的理髮師還有針灸師也全在韓國城。跟西區相比，韓國城才是我的家鄉，我也總是理所當然地習慣著韓國城的存在。我對這裡的一切都太熟悉了，若要找出足以描述這個地方的獨有特色，我腦中會立刻出現韓國城那沒有一棵樹的平坦地表，上頭羅列著一排排購物中心和電線桿，道路上也沒有任何斷枝。

韓國城現在已經仕紳化，但白人以前因為這裡的高犯罪率而對此地唯恐避之不及；更何況，這裡除了韓國人跟拉丁美洲人之外什麼都沒有，當然也缺乏任何足以發展觀光的族群魅力，就連韓文字母「韓古爾」（한글，讀音為Hangul）看起來都跟樂高積木一樣方正冷硬。眾多車流把一排排低矮燒肉店、三溫暖店和教堂之間的道路擠得水洩不通，教堂上方如同「無襯線字體」（sans serif）的僵直十字架就跟衛星接收盤一樣是天際線上的景觀災難。如果要用一種聲音來形容所謂的少數者感受，我想大概是一種白噪音，就像是那些車流發出的「嗖嗖嗖」，又或者是更讓我傷痛的另一種聲音：人生從我

身邊流逝的傷痛聲音。現在的我會想為韓國城以前的素樸樣貌說話，因為那裡就是我的家鄉。可是話說回來，我們很早就搬離此區，所以實在不太有資格為這個地方說些什麼。當洛杉磯大暴動在一九九二年發生時，我家住的地方離那裡一點也不近。

雖然我父親後來的事業算是成功，我們卻是少數的例外。我成長期間認識的家庭幾乎都過得很苦。他們做的小生意可能失敗，許多家庭最後甚至直接破產。幾乎我認識的所有人都陷入離婚、精神疾病或酗酒的困境。因此當紀思道（Nicholas Kristof）興高采烈地在一篇二〇一五年的專欄文章中寫道，健全的亞洲家庭價值觀讓我們在經濟方面擁有「亞裔優勢」時，我感到非常挫敗，因為他就是在用煤氣燈操弄手法否定我所面對的現實，不過他當然也不是第一個這麼做的白人「權威」。

我父親最好的朋友是我們在韓國城的牙醫，他是一個身體和臉都很瘦的男人，講話時的鼻音帶有釜山腔。他從來沒在治療時用上足夠麻藥，而且把鑽頭塞進我牙齦的次數也多到足以讓我光是想到他就害怕。當我出現半邊顏面神經痙攣的問題時，這位牙醫表示可以替我治好。他翻開一本醫學教科書，問我是否曾因為車禍而導致背部脊椎骨移位。

「沒有，從來沒有。」

「我敢保證你一定有！」

這位牙醫因為悲慘的酗酒問題過世。他的第一任妻子跟他離婚時拿走了他的所有錢，所以他被迫賣掉開業的地方，至於第二任妻子則在結婚一週後就跟他離婚。他的最後一任妻子是他的護士，但因為他是個小氣又愛吃醋的男人，竟然還在婚後禁止這位護士已成年的幾個女兒踏進他們家。就算是最後已經被診斷出肝癌，這位牙醫也從未停止喝酒。他的妻子照顧他到最後一刻，而為了感謝她的奉獻，他除了一屁股債之外什麼都沒留給她。

我父親的另一個朋友開了一間男士三溫暖，另外還把三溫暖的樓梯間租給一名擦鞋匠使用。在二〇〇八年的房市危機期間，這位三溫暖老闆賠掉所有積蓄，於是決定提高那位擦鞋匠的租金，就算對方表示真的付不起也不管。然後有一天，這位擦鞋匠走進那位三溫暖老闆的辦公室，一槍把他打死。

許多韓國家庭就像以前的拓荒者一樣在洛杉磯南區落腳，並安穩地開設了自己的烈酒店和洗衣店，可是我不認識這裡的任何一家人。當一九九二年洛杉磯暴動的烽火從南區的北部蔓延到韓國城時，我住在西區的家人沒有見到一絲硝煙，甚至也沒聽見警方直升機的微弱顫動聲。雖然我記得韓國城事後變成一片焦黑廢墟的模樣，我記憶中的暴動卻大多只是一系列新聞畫面，例如有群韓國男人在一間超市的屋頂上拿槍站崗，以及斗順子（두순자，讀音為Soon Ja Du）在法庭上的畫面——在那個畫面中，斗順子因為在自家店內射殺十五歲的拉塔莎・哈林斯（Latasha Harlins）而在等待宣判結果。雖然哈林斯的死發生在警察將羅德尼・金（Rodney King）打死後卻獲判無罪的幾個月前，這個事件卻也同樣掀起了黑人族群的怒火，並成為暴動發生的驅動力之一。

我對斗順子只獲判社區服務的輕刑感到羞恥。我對那些不停跟在黑人顧客身後的店員感到羞恥，這些店員總覺得黑人可能要偷東西，而且從不更努力地去跟接納他們的當地社群互動。我對於韓裔社群內部的反黑情結感到羞恥，這也是為什麼我必須不停強調亞洲人同時是種族歧視的受害者及加害人。但即便是將某些人描述為被害者或加害人的做法都還是太簡化了。

我屬於一個一直以來都比黑色及棕色人種獲得更多好處的族群。舉例來說，跟黑人相比，亞裔美國人受到保險公司拒保或銀行拒貸的不公平處境相對輕微，這也是為什麼韓裔移民一開始可以從銀行貸到款項，並在洛杉磯南區做起一些小生意的原因。我無法假裝韓國移民是不小心捲入美國黑人和白人交火現場的旁觀者。他們其實都想要從非裔美國人身上賺錢，為的是得以向上流動、遠離這個地方，最後能夠到白人所在的地方生活——我家就是這樣。不過要理解那場暴動，我們也必須在眾多真相之間求取平衡。引發洛杉磯暴動的那條漫長導火線，是由長久以來住屋隔離的歷史、製造業工作的外包，還有聯邦政府削減眾多公共計畫所打造而成，也是因為如此，當媒體輕率地把韓國小商人當成引發黑人怒火的代罪羔羊時，我感到非常難過，畢竟這些小商人只差一步就要踏入赤貧的絕境。此外，這裡也有真實的友情和文化交流：韓國店員會舉辦招待鄰居的烤肉大會，忠實的黑人顧客也會前來幫韓國人的忙，比如在發現有搶匪已經接近時要他們趕快逃命！

在結束短暫的站立喜劇實驗後，我嘗試把我的家鄉在一九九二年春天那星期的經歷寫成一部小說。但才針對前幾個章節擬出草稿，我就被我剛成年的那段時間的故事線困住了。若是能有足夠的時間和研究，我或許也可以寫出這部小說，可是要藉由一位對情況所知甚少的少女來講述這個故事實在有點勉強，畢竟我知道的實在不多。我當時太年輕了。那場危機與其說是直接對我造成穿透性的影響，不如說是剛好在我身邊發生，不過這場由於美國沒有通過種族關係試煉而導致的暴動仍使我良心極度不安。雖然沒有實際參與，我仍認為自己在那段時期感到愧疚及憤怒。然而到了最後，我還是無法透過敘事來理解那段經歷。我就是無法去將那些內容寫成虛構小說，無論是書寫黑人社群因為那些警察無罪開釋而感受到的絕望，又甚至是那位站在條板箱上擋住自家店門口後對著一群搶匪大叫「這裡是**美國**！」的韓裔婦女，我都做不到。

就算我真的是個受虐狂，我同時也是個虐待狂，這也是為什麼我會這麼想做站立喜劇。因為如果我打算讓自己難堪，我就想要讓觀眾也**為我**感到難堪，而且是難堪到讓他們大吃一驚的程度。在尋找書寫種族議題的誠實方法時，我想讓那些受苦的人內心好過一點，但除此之外，我還想讓那些過得太好的人吃點苦頭。我想要讓他們因為羞恥感而渾身不自在，但或許這是因為我覺得自己也是那種過得太好的人。可是在這趟追尋之旅中，我沒有什麼可以展示的成果，只留下一系列嘗試許多表現形式後的失敗軌跡。

四月二十九日那天，有位母親的十八歲兒子決定離家做點什麼。由於警方沒有任何作為，他打算出門幫忙守衛韓國城。她叫他小心不要捲入任何交火或搶劫現場，此時她兒子說：「母親，就是因為像你這樣的人，我們韓國人才會被壓在地上打。」他那天晚上沒有回來。隔天早上，她的小女兒滿臉眼淚地說：「我想哥哥已經死了。」她給母親看一份《韓國時報》（*Korea Times*）的早報，報紙上的模糊黑白照片中有個躺在地上的死去男子。報導指出，有一名商店老闆把他誤認為搶匪，所以槍殺了他。他看起來確實像她的兒子，可是這位母親心想，不，這不可能是他，我的兒子昨晚穿著一件白色襯衣，但這男人穿的是黑色襯衣。不過她還是去了停屍間，最終也沒找到符合她兒子特徵的屍體。後來，她又看見了那張照片，不過這次是在《洛杉磯時報》（*Los Angeles*）上的彩色原圖，才震驚地意識到那名男子確實是她的兒子。他的襯衣不是黑色，只是被血浸透。

在那場暴動中死去的六十三人中只有一個韓國人。我認為相對於整起事件帶來的毀滅效應，這大概算不上什麼大事——而且那還只是一場意外，動手的人又毫無疑義地跟他一樣是韓國人。然後在紀錄片《429》中，導演戴．希爾．金—吉布森（Dai Sil Kim-Gibson）採訪了那些自家店鋪遭到燒毀的女人，我才在其中聽見那個死者的母親訴說了自己的故事。「殺死我兒子的不只有那個人，」李廷惠（Jung Hui Lee，音譯）說，「事情出了錯，很嚴重的錯。」在一段又一段的訪談中，這些影像中的女人說出自己被拋下的故事。我在看著她們時再次經歷了「體認的震撼」。這些人就像我的姑姑或嬸嬸，她們的苦難已延續了好幾世紀。她們之前在母國時就已是黑暗掌權勢力下的受害者，因此就算到了這裡，她們幾乎也是一看到迫害她們的黑暗勢力就能指認出來。她們極為憤怒，但也感到疲憊及認命，因為深信沒有人會聆聽她們的情緒。正如一位年邁的奶奶所說：「我知道我會抗爭到死。」無論當時的媒體怎麼報導，她們都沒有責怪那些前來搶劫的黑色及棕色人種，只認為自己的損失源自於牽涉更廣泛的問題：「這個國家破了一個洞。」

暴動結束之後，三萬名韓裔移民上街遊行要求政府賠償他們受到摧毀的生計，可是這些小商人始終沒能重新振作起來。美國政府拋棄了他們，沒有給予任何官方救濟，所以他們只能自己艱辛地對抗貧窮及創傷後壓力症候群（posttraumatic stress disorder，簡稱PTSD）的問題，有些人甚至因此離開美國。由大公司贊助以修復內城的「重建洛杉磯」（Rebuild LA）計畫始終沒有真正開花結果：遭到忽視的南區沒有獲得本來允諾的工作機會、醫院或課後輔導計畫。原本占據城市人口百分之二十的非裔美國人在城市仕紳化後遭到驅逐，最後在總人口中的占比只剩百分之九。此外，在暴動中死去的人有超過百分之三十都是拉美人，店面遭摧毀的也有百分之四十屬於拉美人，可是他們卻是最少被提起的一群人，因為他們的故事不符合「善良」的韓國商人對抗「邪惡」黑人社群的敘事。

種族議題的書寫是場辯論，你必須在書寫時直接挑戰那個抹消我們的白人資本主義體制，不過種族議題的書寫也是一種抒情敘事，因為你的內在意識總會基於各種矛盾而糾結在一起。就算是真的對「我們終將克服所有困境」的簡單敘事反感，我也必須相信我們有一天能克服種族不平等的問題；就算那些「移民總在受苦」的傷感故事令我惱怒，我仍認為韓國人是我所知留下最嚴重創傷的民族之一。在我努力藉由超越所有刻板印象來表達我的內在意識時，人們理解我的「方式」顯然仍根著於我的「身分」。為了忠實書寫種族議題，我幾乎必須用**反抗**敘事的方式來寫，因為正如法蘭茲・法農（Frantz Fanon）曾寫道，種族化的心靈是一個「地獄般的迴圈」。

我們因為受人挑撥而彼此對抗，我們各自憤怒、各自哀傷，也各自感到挫折，這正是為什麼《429》這樣的紀錄片有必要存在，有創作者能分享那段期間的「少數者感受」也因此成為無比重要的制衡力量，例如詩人汪達・科爾曼還有小說家保羅・貝提的創作。如果沒有這些作品，我的回憶就會自動剩下媒體粗製濫造的畫面，例如電視上不停重播羅德尼・金被警察毆打的片段，還有新聞直升機在遙遠高空拍攝洛杉磯的畫面——在後者的畫面中，這座城市就像是在許多地方冒出小小火點的電路板。

在那樣的畫面中，直升機飛近那些冒煙的建築，近到足以看見汽車的燒焦車殼側倒在地，以及伸縮式鐵柵門被人從店面前方扯下，在地上壓扁成手風琴的模樣。直升機飛得很近，近到足以聽見所有警報器同時發出巨響。有個小小的人影從正在燃燒的店裡冒出來對著攝影機揮手。她想要什麼？她在說什麼？她在說：「停下來！」她說，「救命！我打九一一都沒有用。消防員呢？醫護人員呢？——警察都去哪裡了？」就告訴她吧。警察都在西區，一隊隊的警察正在那裡守護安靜的街道。

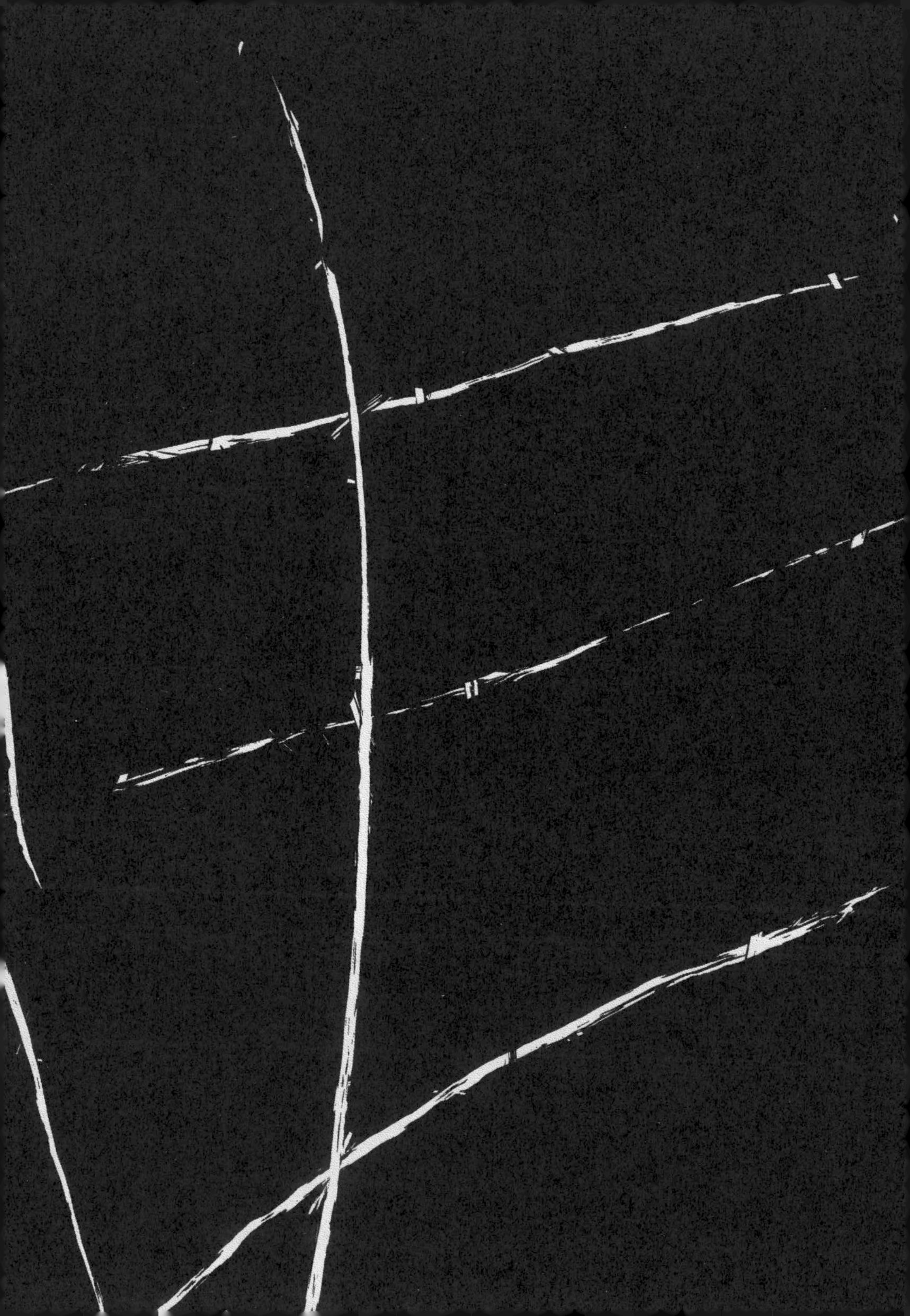

白人純真的末日

THE END OF WHITE INNOCENCE

我小時候的大多時間都在想辦法窺探那個圈養著白人小孩的動物園。有時候我可以在拜訪朋友家時直接身處其中，並讚嘆著其中維繫的秩序及玩樂氛圍竟能達到如此協調的均衡狀態：家長會以合理的口氣和彼此說話，奔放的小狗會在突然衝進家裡後得到一片小餅乾。這種地方跟我家完全不同。我家總是氣氛緊繃又沒有寵物，而且還會散發出各種詭異的臭氣。我媽會把我們所有洗好的衣服晾在外面，我外婆則會用佛哲斯牌（Folgers）咖啡豆的罐子裝她的尿去灌溉種蔥的菜園。有時候在深夜，我會因為有人叫我的名字而醒來，一開始那聲音很幽微，然後愈來愈大聲。我知道那是我媽的聲音，於是跳下床跑到父母房間，再次想辦法打斷一場快要失控的爭吵。

某次的隔天在學校，我特別記得那天陽光和煦，十一月的石榴樹也已結滿果實。我坐著吃午餐，耳朵因為睡眠不足而顯得不通暢，導致同學的笑聲聽起來很遙遠，就像是泡在水裡。如果現實是屋頂下方的簷壁飾帶，其他人就是飾帶上的浮雕，我則是嵌在背景的底材，用我表面的斜坡提供所有人展現自己的形貌。我所懷念的童年時光只存在於首爾的夏天：我的祖母會用布把鳳仙花纏在我的指甲上，好把我的指甲染成橘色；有時我的姑姑、叔叔、堂親和我全睡在客廳地上，一旁的電風扇在潮濕的熱氣中懶洋洋地旋轉著；又有時我會踩著很硬的橡膠拖鞋蹲在地上，讓嬸嬸用冷得要死的水替我洗澡。

現在的我是一個四歲女兒的母親了。我的童年回憶會在我為女兒梳頭髮或晚上幫她洗澡時閃現。更奇怪的是，有些回憶不會在我以為應該浮現時出現。由於我的父母從未替我讀過故事書，我並沒有在開始為女兒讀床邊故事時遭到令人懷念的回憶淹沒，反而是有種失重的感覺。應該要有一個詞來形容這種出現在神經系統的感受，這是一種奇怪又難以解釋的失重感——也就是說，當「讀床邊故事」這個備受大家喜愛的儀式誘導你的神經突觸向過往時光放電，卻無法在庫存中找到相關記憶，導致你的心靈只能笨拙地到處摸索，像一隻軟體動物伸出許多觸鬚在空蕩蕩的海床上到處探尋。

在為女兒讀故事書時，我看見自己的童年時光逐漸漂離，而她的童年時光則與這個國家穩固地連結起來。此時與其說是把我的快樂回憶傳承給她，還不如說是在為她從零開始建構出快樂回憶。我父母為我做的也是一樣的事，可是在他們的概念中，可以提供給孩子的一切都很基本：食物、住所和教育。當他們移民到這裡時，他們進行的不只是空間上的移動，也是時間上的移動：他們藉由三個世代的接力前往未來。倒不是我粗糙地將西方直接等同於進步的一方，而是在戰爭過後，韓國就像月球一樣荒涼，西方卻擁有韓國所缺乏的生活福利環境，例如比較好的醫療體系。舉例來說，我母親那邊的男孩子都沒有活下來。我外婆失去所有兒子，我阿姨也失去所有兒子，而在我出生之前，我那位心臟很弱的哥哥也在六個月大時就過世了，當時我媽正在幫他洗澡。

與其說是回望童年，我總是只能斜眼／歧異地望向（looked sideways）童年。如果回望是一種充滿甜蜜懷舊情懷的電影拍攝藝術，歧異地望向童年這個動作則會沾染上更為病態而朦朧的忌妒情緒，這種情緒總在我去白人朋友家吃晚餐時啃噬著我，並讓我在看著電視上的一連串廣告及電視節目，卻發現一切都在清楚強調每個孩子該長成什麼模樣、以及該在什麼樣的家庭長大時，意識到自己被忌妒的情緒吞沒。

學者凱瑟琳・邦德・斯托克頓（Kathryn Bond Stockton）曾在書中表示，身為酷兒的孩子總是在「歧異地成長」（grows sideways），因為酷兒的人生通常都是在挑戰一般人「結婚生子」的線性發展。斯托克頓也將有色人種孩子的成長描述成「歧異地成長」，因為跟神聖不可侵犯的白人孩童相比，他們的成長模式也完全不同。不過就我個人來說，更精準的講法還是「歧異地望向」童年。即便是到現在，當我試圖回望過去時，那個小女孩還是迴避我的眼神，讓我看到的回憶只能是她腦中各種幻想的明滅暗影。

「歧異地回望」還有另一層涵義：做出散發懷疑、質疑，甚至是輕蔑意味的「斜眼看」動作。我在成長就學的過程中不停受到各種成長小說轟炸。相對於老師把威廉・莎士比亞（William Shakespeare）或納撒尼爾・霍桑（Nathaniel Hawthorne）的經典作品當作維他命豐富的蔬果強迫我們攝取，這些成長小說理應要是受歡迎的點心，因為我們終於可以和作品中的主角產生共鳴。這也代表我不只必須將情緒能量投注在自以為是的白人主角身上，在閱讀這些往往遭人過譽的經典作品時，還要把這個主角逝去的珍貴童年當成自己的童年來哀悼，例如《麥田捕手》（*Catcher in the Rye*）。

我的九年級老師曾說我們一定都會愛上《麥田捕手》，書封上那難以描述的暗紫紅色更是增添了此書的神祕氛圍。我一直在等自己愛上沙林傑（J. D. Salinger）那難讀又雜亂無章的文字，直到最後終於惱怒起來。主角荷頓・柯菲爾德（Holden Caulfield）就是個有錢的預校小鬼，他罵起人來像個老頭、花錢如流水，而且到哪裡都搭計程車。他其實就是個自以為是的渾蛋，而且就跟他口中「作態虛偽」的同學一樣目中無人。

不過比起他所擁有的各種特權，我發現荷頓對童年的執迷更讓我感到陌生，因為我只想盡快擺脫我的童年。為什麼荷頓不想長大？這些穿著溜冰鞋又需要鞋碼調整扣件的純潔早熟孩子們又到底都是些什麼人？哪個青少年男孩曾幻想在麥田中接住其他孩子，以防他們掉入懸崖下的成年生活中？

將童年等同於純真完全是英語美洲的發明，而且是直到十九世紀才開始流行起來。孩童在那之前的西方世界都被當作小大人對待，如果他們在信奉卡爾文主義的家庭中長大，那更代表沒找到救贖的人都注定得下地獄。詩人威廉・華茲華斯（William Wordsworth）

是導致我們今日對童年抱持過多感性情緒的推手之一。在詩作〈頌：永生之暗示〉（Ode: Intimations of Immortality）中，華茲華斯將孩童視為美好的存在，而且比成年人更有智慧，因為未受汙染的孩子更接近神：「我看見天國都與你們歡快同笑。」華茲華斯可能也是使人們對童年抱持懷舊情緒的重要人物之一。他以成年人的觀點把詩中主角當成替代性載體，好讓受到自身各種失敗所苦的成年人能將白日夢都寄託在這個男孩身上。

荷頓．柯菲爾德在某一個人生階段停止發展了，而他的這種狀態在這本小說出版後成為支配美國文化產業的主要現象，從導演史蒂芬．史匹柏（Steven Spielberg）、魏斯．安德森（Wes Anderson）的電影到強納森．薩法蘭．弗耳（Jonathan Safran Foer）的小說都是很好的例子。從二〇〇〇到二〇〇九年間，甚至還有個名叫「新真誠」（New Sincerity）的短命運動，在這個運動中，藝術家和作家認為「去感覺」是一種很激進的概念。所謂「去感覺」代表必須退回一個人的童年，而所謂的童年就是沒有網路且生活更為純粹、真實的一段時光。儘管他們推崇真實性遠勝過一切，作品卻散發出隱隱讓人反感的故作天真美學，這種美學只在乎眼前的自我利益，且對政治的一切毫無興趣。

魏斯・安德森曾一度被視為「新真誠」運動中的導演。我最近重看他的電影《月昇冒險王國》（*Moonrise Kingdom*），而正如某個部落客曾指出：這部電影就跟一顆馬卡龍小點心一樣可喜又輕盈。透過如同老舊明信片風情的打光，《月昇冒險王國》與其說是一個故事，不如說是一場重新翻出各種懷舊紀念品的展覽，而且其中還包括一些值得紀念的珍品，像是天藍色的可攜式唱盤機，以及一個裝滿五分鎳幣的威爾森牌網球罐。安德森這種如同文青手工藝品創作者的導演風格值得敬佩，可是安德森畢竟是個收藏家，而收藏家的品味向來取決於他沒有選擇收藏的事物。有時非白人角色會穿著精緻的男僕制服出現在安德森的其他電影中，這些人大多是安靜的印度演員。可是在《月昇冒險王國》那如同美麗調色盤般安全又與世隔絕的世界中，卻沒有絲毫「他者」存在的跡象。片中的角色全是二十世紀中期風格的白人，那種潔淨的白就像是《生活》（*Life*）雜誌廣告上會出現的白。

這部片設定在一九六五年一座名叫新潘贊斯（New Penzance，參考的原型其實就是新英格蘭）的虛構島嶼上，故事中有兩個十二歲的孩子在陷入愛河後一起私奔。其中的男孩「山姆」是個孤兒，他就像童書裡的角色一樣古靈精怪——作風奇特、愛打架，而且調皮搗蛋——並在說服他那嚴肅拘謹的戀愛對象「蘇西」後，兩人一起逃到一個名叫「月昇冒險王國」的遙遠小港灣。他們在這個如同天堂的小港灣「扮演」可以自給自足的成年人：他們搭帳篷、釣魚煮食，還練習親吻。蘇西和山姆的家長及監護人到處尋找他們，他們則在被逮到後再次逃跑，因為社福單位想把山姆送到「青少年庇護所」（Juvenile Refuge）。在此同時，有場颶風即將摧毀這兩個逃家孩子的生活，但他們終於在千鈞一髮之際獲救。這部電影有個快樂的結局：蘇西和山姆仍然待在一起，並被當地的一位警察收養。山姆跟他那位親切又粗獷的監護人一樣成為一位年輕警察。

在民權運動史中，一九六五年是具有里程碑意義且充滿暴力的一年。黑人抗爭者曾兩次嘗試從塞爾馬（Selma）遊行到蒙哥馬利（Montgomery），但在第三次嘗試成功之前，他們都因為遭到阿拉巴馬州的警察毒打而失敗。林登・詹森（Lyndon Johnson）終於通過禁止在選舉中有任何歧視性做法的《選舉權法》（Voting Rights Act）。麥爾坎・X（Malcolm X）在曼哈頓的奧杜邦舞廳（Audubon Ballroom）演講時遭到刺殺。到了八月，這些公民多年來因為失業、住屋歧視，還有警察暴力而累積的挫敗情緒終於在瓦茨暴動（Watts Rebellion）中爆發，隨後引發了全面性的群眾暴動。

大多數美國人在那一年最關注的議題就是種族，面對這些要求獲得基本公民權的黑人，他們當中的大部分人備感威脅。藝術家蘇西．羅托洛（Suze Rotolo）表示：「純然且正宗的白人種族歧視……充斥在所有媒體上，與此同時，針對這些民權運動工作者的暴力手段逐漸升級。白人看著自己以及他們透過歷史造就的結果，處境就像一隻臉被壓進自己尿液中的家畜。」

詹森也是在一九六五年簽署了《哈特－塞勒法案》（Hart-Celler Act），這個法案解除了禁止來自亞洲、拉丁美洲及非洲移民的種族限制。美國以母國國家為基準來禁止移民的不光彩歷史始於一八八二年的排華法案，這項法案後來在一九一七年擴張為禁止所有來自亞洲和太平洋各島國移民的《移民法案》（Immigration Act），然後到了一九二四年，以醜惡優生學作為自我辯護的依據，美國政府將禁令延伸到除了極少數西方及北歐國家之外的所有移民身上。這些移民之所以受到限制是因為來自血統較差的人種，所以會「汙染」美國大眾。對於《哈特－塞勒法案》足以帶來強烈震盪的重要性，詹森在簽署時以「我們今天將簽署的這個法案並不是一個革命性法案」的發言來降低其影響力。他完全不知道這項法案將從此徹底改變美國的面貌。自從一九六五年開始，百分之九十的美國移民都是來自歐洲以外的地方。根據皮尤研究中心（Pew Research Center）預測，到了二〇五〇年，美國白人將成為少數。

儘管那年過得如此動盪，一九六九年出生的安德森卻仍讓他的影片浸潤在一種刻意製造的、心胸狹隘的、仿照某種想像而生成的懷舊情懷中，理論家勞倫・貝蘭特（Lauren Berlant）將這種情懷定義為「一種小鎮情懷，這種情懷推崇、眷戀著從未真正存在的生活，並在螢幕上創造出一種回憶，藉此掩飾早年權利不平等帶來的掠奪問題」。值得思考的是，安德森將這部電影的時間設定在白人占據這個國家人口百分之八十五的最後一年。就彷彿在少數族群如同風暴般襲來之前，新潘贊斯是那座唯一仍未受害的孤島。

如果只看電影本身，《月昇冒險王國》其實是一部相對無害的電影。不過對於我們這些一直以來對當前「正宗的白人種族歧視……充斥在所有的媒體上」感到震驚的人而言，我們想問自己的是，到底是什麼導致我們的國家需要如此留戀地製造出這種「螢幕回憶」。安德森的《月昇冒險王國》只是無數當代電影、文學作品、音樂創作及生活風格選項中的一個例子，在這些作品以及風格選擇中，所謂渴望純真年代的意思，就是在戀物式地崇拜這個國家對所有不一樣的人展現出暴力敵意的年代。好萊塢這個產業形塑了我們國家以及全球的回憶，但在追求白人懷舊情結一事上始終都是最反動的文化推手，這個產業庫彷彿困在一個時空迴圈中，不停拒絕承認美國的種族人口組成早已在一九六五年之後就出現了劇烈改變。所有的電影選角就彷彿這個國家還受到白人優越法條的「保護」，所有可以讓觀眾看見的美國人也是仔細揀選後的歐洲後裔。

學者羅賓・伯恩斯坦（Robin Bernstein）在她的著作《種族純真：從奴隸制到民權運動，美國童年與種族的展演》（*Racial innocence: Performing American childhood and race from slavery to civil rights*）寫道，歷史上的黑人孩童「被定義在童年之外」。她用哈里特・比徹・斯托（Harriet Beecher Stowe）的著作《湯姆叔叔的小屋》（*Harriet Beecher Stowe*）中的小伊娃（Little Eva）當作象徵白人純真的經典例子。她因為金髮藍眼而整個人散發著光芒，也因此在湯姆叔叔的眼中顯得如此美好，相較之下，奴隸小女孩托普西（Topsy）則顯得缺德、墮落，而且還沒有母親。是直到小伊娃擁抱她並宣告她對托普西的愛之後，托普西才又重生為一個純真的孩童。

如果小伊娃是個理想化的孩子，托普西就是「黑小鬼」（pickaninny）[1]的終極樣板，她「孩子氣、深色皮膚，而且最重要的是，她對於疼痛無感的程度非常滑稽」。斯托想證明托普西**可以**有感受，可是卻需要仰賴小伊娃的碰觸來將她轉化成一個真正的孩童。更常見的情況是，作者會在跟奴隸女孩對比之後強調「只有白人孩童是孩童」。「黑小鬼」不純真，他們是野生的、他們不但沒有知覺，而且不需要保護或母親的照顧。許多奴隸主之前將黑人孩子從母親懷中搶走並當成私人財產賣掉時，就是以這樣的說法來合理化自己的行為，而同樣的看法也仍延續到今天。白人男孩永遠是男孩，相對來說，黑人男孩卻有十倍的機率被當作成年人來審判，甚至會被判處終生監禁而不得假釋。

1 譯注：pickaninny源自十七世紀對黑人小孩的稱呼，現在帶有貶意，此字的字源推測是來自葡萄牙文。

如同伯恩斯坦所寫道，純真不只是「知識的缺席」，而是「一種排斥知識的積極狀態」。這個狀態就鑲嵌在「哎呀，**我**沒看到種族問題」的這類陳述中，並透過**我**的立場掩蓋掉**看見**的可能性。純真是一種特權以及認知上的缺陷，這種受到庇護的未察覺狀態一旦延伸到成年，就會固化為一種自以為是的心態。純真不只是避開了「性」的議題，也是一個人基於自己「光潔無暇」且「可以自在成為任何一種人」的自信，而去避開「社經階級地位」的議題。正如學者查爾斯・米爾斯（Charles Mills）所寫道，這種純真所帶來的諷刺結果是白人「無法理解由他們自己創造出來的世界」。而當其他孩子因為自身所屬種族的啄食順序（pecking order）而不停遭人提醒自己的「地位」，甚至是因此被當成罪犯時，這些孩子也就失去了純真的資格。正如李察・普瑞爾開玩笑地說：「我一直到八歲前都還是個孩子。然後我就變成黑鬼了。」

純真的另一面就是羞恥。當亞當和夏娃失去他們的純真時，「他們的雙眼真正開啟，因此突然為自己的赤裸感到羞恥」。羞恥是意識到自己像彿彿露出火紅屁股一樣在世人面前毫無掩藏時所產生的那種尖銳、扎人的感受。那是一種自己施予自己的神經性傷口。就算那位讓我感到羞恥的侵害者已不在我的生命中，我卻仍會想像他的在場，而且會因為把自己的倒影誤認為他而畏怯。羞恥是一種巴夫洛夫式的制約反應，羞恥會讓我單單只是踏出屋外就讓我的感覺接受器受到激發。問題並不在於有沒有讓我感到沒面子的事。問題在於羞恥會直接蹲坐在我的臉上不走。

羞恥通常跟亞洲性及儒家思想的恥感文化有關，另外還有這個思想中與羞恥有關的數不盡禮節儀式，可是我在這裡要討論的不是這種羞恥。我要談的不是文化問題，而是政治議題。那是痛苦地意識到那些操弄著我們社交互動樣態的權力動態存在，以及意識到自己在那個位階秩序中身為受折磨者——**或**折磨他人者——的所在位置後，內心湧現令自己都感到畏怯的受辱感。我就是象徵羞恥的狗頸環。我就是象徵羞恥的小便斗除臭劑。這種感受不停啃噬著我的身分認同，直到我的身體被掏空，到了最後，除了能將一切化成灰的純然羞恥感之外，我這個人什麼都不剩。

我還記得那個畫面：母親在烘衣機裡粗魯翻動衣物，之後抽出一件上頭有著白兔剪影的紅色大T恤。現在回想起來，我完全不知道我們家怎麼會有那件T恤。我想應該是有人送給我爸的禮物吧。總之，我的移民母親不知道那個白兔標誌的意思，所以隔天讓七歲的我穿那件「花花公子」（Playboy）的T恤上學。當我在下課時間結束後排隊準備回教室時，一個四年級生指著我的衣服前方問我知不知道「那是什麼意思」。我說不知道，她就冷笑了一下後回到朋友身邊。我知道**有什麼**不對勁了，可是又不知道是什麼。我的臉開始漲紅。我知道是這件衣服的緣故，但這件衣服到底怎麼了？

學校的運動場上鋪著灰色柏油，周遭則圍著像鐵鍊一樣的圍籬。如同超現實畫派大師喬治歐·德·基里訶（Giorgio de Chirico）的畫一樣，這裡是個素樸的開放空間，沒有樹，只有手球牆板和繩球柱的濃重陰影隨著陽光轉動方向。我走過時總是避開繩球柱，因為個子高的學生每次都會把那顆明明不可以亂碰的球拍到空中。我不知道為什麼那隻兔子不好。沒人願意告訴我為什麼這隻兔子不好。於是這隻兔子的身影和外在一起融合成某種如同咒語的神祕氛圍。我的體溫隨之上升，身體為了排出體內汙染物散發出熱氣，然而那個汙染物就是**我自己**。

我在學習英文時也經歷了同樣熱氣蒸騰的身體反應。由於我是上學之後才開始學這個語言，所以總覺得跟英文有關的事物都很困難，包括那片寫滿各種圖解句構的黑板，以及在我口中如同滑溜彈珠的音節。英文對我來說不是一種自我表達的工具，而是隨時準備要來**傷害**我的事物，英文拉出一條條隱形絆索讓我只要稍微犯一點小錯就會完蛋。一年級時有一次，我的老師為整班專注聆聽的學生朗讀一本書，然後轉頭對我微笑並說了些我沒聽清楚的話，我以為她是在說「出去」，於是起身走出教室。突然之間，我的老師也來到教室外，滿臉通紅地一邊罵我一邊把我扯回教室。

羞恥讓我有了把自己拆分成第一人稱和第三人稱的能力。正如沙特（Jean-Paul Sartre）所說，這是「用他者看我的方式」來認識我自己。我現在可以看出我無意間展示出的不聽話舉動有什麼樣的幽默之處。當時，那個老師身邊圍著一群盤腿坐的六歲孩童，她正在對這群聽得如癡如醉的孩子朗讀故事，但她的故事才讀到一半，卻突然有個亞裔小女孩毫無預警地起身走出教室。到了隔年，這位安靜的亞裔小女孩還穿著色情T恤來上學。

種族歧視的其中一個特徵就是把孩童當成大人看待，同時又把大人當成孩童看待。目睹自己的父母被當成孩子一樣奚落時帶來的羞恥感是最深刻的。我已經無法計算自己見過父母被其他成年白人看不起或嘲笑過多少次。這種事實在太常發生，導致每次只要我母親遇到成年白人，我都會變得過度警戒，隨時準備好要介入調停或把她拉開。亞裔美國人的成長過程就是在目睹像你父母這樣的權威人物遭到羞辱，並學習不去依靠他們：他們保護不了你。

亞裔美國人在這個國家受到的屈辱並沒有被真實呈現出來。我們受到認定我們過得不錯的謊言威嚇而不敢出聲。我們埋頭努力工作，深信勤奮會讓我們獲得獎賞，也相信能藉此建立我們的尊嚴，可是最後只讓我們成為隱形人。我們因為不為自己發聲而參與、維繫了這個迷思：我們的羞恥感是源自我們壓抑的文化，以及我們一開始逃離的那個國家，至於美國給我們的始終只有重新開始的機會。亞洲人過得好的謊言是如此滲透人心，因此即便是正在書寫的此刻，我都還是忍不住懷疑自己相對於其他人已經過得不差了。可是種族創傷不是一種競賽。問題不在於我的童年充滿不可思議的創傷，而在於我的童年創傷其實是非常典型的現象。

大多數美國白人只能把種族創傷當成一種奇觀來理解。川普一選上總統之後，媒體就開始報導飆升的仇恨犯罪數量，而且往往聚焦在顯然特別特異的仇恨手法，比如白人高中生身上披著南方邦聯旗沿著學校走廊遊行，還有那些納粹黨徽「卐」的塗鴉。然而更難真實呈現出來的不是這類事件本身，而是後續效果所帶來的壓力。白人的恐怖統治可以是難以看見卻不停累積的小事，這些小事會逐漸削弱你的自我價值，最終讓你只能是個自我憎恨的人。

詩人巴努・卡皮爾曾寫道：「如果必須思考右派興起後的情況，我只需要閉上眼睛回想我的童年就行了。」許多我們的同類人都對他的這項感觸很有共鳴：川普當上總統誘發了我們的童年回憶。孩子們是很殘忍的，他們會模仿父母私下講的所有種族歧視鬼話，而且是用你能想像最唐突的方式說出來。種族歧視在孩子之間「赤裸裸地展現出來」，就像現在在川普的統治之下，種族歧視也在所有人之間「赤裸裸地展現出來」。不過我們被誘發回想起的不必然是一次特定的種族歧視事件，而是當時的感受：那是一種持續且壓抑的恐懼及羞恥感，以及如同動物般緊繃的警戒狀態。童年是一種心理狀態，有人可以依靠懷想童年而重獲純真，但也有人一想到童年，腦中只會突然閃現不安及驚恐的感受。如果童年的純真能讓人獲得保護及慰藉，童年的危殆則會讓人完全無法獲得任何保護及慰藉。

我母親的母親之所以會從首爾來到美國，是因為我母親需要有人幫忙照顧我和妹妹。我外婆是韓戰時期的難民，她在戰爭期間帶著孩子從北韓逃出，與我已經在南韓的外公會合——說到那趟逃亡之旅的最後一段路，她還是揹著當時兩歲的我母親在退潮時沿著海岸走完的。我母親差點就被留在北韓，因為我外婆本來打算把她留給她的阿姨，等之後有機會再回來接她。她不知道南北韓間的交界線將永遠遭到封鎖，也不知道此後再也無法再得到父母及手足在北韓的消息。她的世界就這樣徹底消失了。

我的外婆始終是個堅毅、強悍且善於交際的女人。我外公還活著的時候，他們是仁川市內少數家裡有室內自來水管道的夫妻。戰爭結束後，她把自家當成慈善廚房來經營，總是廣邀大家來吃晚餐——無家者、孤兒、寡婦還有鰥夫——只要是需要食物的人都可以來。

她和我們一起住在都是白人的美國郊區時很寂寞。她會花很長的時間散步，偶爾帶回她在某家垃圾桶裡翻出的咖啡壺或壞掉的檯燈。在那些年間，我母親每天吸地，有時甚至一天吸三次，就彷彿她能看見我們家每個人從身體表面脫落的每一顆死皮細胞。每當我母親又進入瘋狂打掃的狀態時，我就會陪我外婆去散步。

八歲那年的某一天，我陪外婆去散步。當時的她才剛搬來跟我們一起住。加州的人行道潔淨又空曠，而且我們住的這一帶很安靜，只有灌溉街區的灑水器喀噠喀噠地響著。我外婆剛從某家前院拔下一根長滿檸檬的枝條打算帶回家，此時我們遇見一群在這條死路上閒晃的白人小孩。讓我驚慌的是，我外婆竟然決定跟他們打招呼。她跑進那一群孩子中跟每個人握手，因為這就是美國人打招呼的方法。那些孩子很驚訝，但也開始輪流跟她握手。我可以看出他們握手的力道有點太大了。「哈囉。」她說。「哈羅啊。」他們大聲回應。其中一個人在她面前搞笑地打出毫無意義的手語。然後一個有著鬆垮棕髮的女孩偷溜到我外婆身後，用盡力氣踢了她屁股一下。我外婆跌倒在地。所有孩子都笑了。

我外婆把這件事告訴我父親，後來我父親要我們全家都在車上時注意外面並找出那個女孩。有一次，我們在一個停車指示牌前停下，我看見了她，就是那個人，我們告訴他，於是父親搖下車窗對她大吼。我從沒見過他對任何一個白人這麼生氣過，更別說對方還只是個孩子。他要求她道歉，但她拒絕，並否認見過我們。

「不如我也踢你一下怎麼樣？」我父親大吼。「怎麼樣？」他解開安全帶後跌跌撞撞爬下車。那女孩輕易地往山丘上跑去後消失無蹤。他在她身後蹣跚地追了幾步，意識到自己的徒勞後停了下來。我們的車停在路中央，引擎還在轉動，駕駛座的車門大大地開著。我目瞪口呆地看著我父親。我覺得他讓我害怕，但也**為他**感到害怕。我看見我父親試圖捍衛自己的家庭，而且用的是我們鄰居可能會看見的方式——那是一種表演、一種過度反應的姿態——我非常害怕他會因為這次發火而遭到懲罰。

還有一次，那時我妹妹九歲，我十三歲。我們正要離開一間購物商場時，有一對白人男女打開玻璃門進來。我以為那男人會替我們扶著門，所以兩人加快腳步走出去，他只好很不情願地為我們扶住門。然而就在門重新關上之際，他在我們身後低吼：「我可不幫中國佬開門的！」

我妹妹立刻哭了出來。她不明白他為什麼要這麼惡毒。「我以前從沒碰過這種事。」她哭著說。

我想跑回商場把他殺了。我沒保護好我的妹妹。我對這個成年男子燃起帶著殺意的憤怒，但同時也感到無助——這個男人甚至無法把我們當成孩子看待。

我之所以提起這個商場事件，是為了跟之後的一次人生經驗做對比。當時才二十多歲的我住在布魯克林。那是七月一個熱得難熬的日子，所有紐約人都因此表現得非常渾蛋。我的朋友、她的男友和我走進第二大道的地鐵站，而就在我走下通往月台的樓梯時，有個經過我們身邊的男人一邊盯著我一邊唱起「錠鏘叮咚」（Ching chong ding dong）。他是個脖子粗短到幾乎看不見的白人男子，頭上戴著一頂鴨舌帽，看起來是那種典型的史坦頓島（Staten Island）體育迷，但之後我注意到他身邊還跟著黑人妻子和他們的混血幼兒。

我的兩個白人朋友不知道該說什麼，當然我也不想讓**他們**不自在，所以只好當作沒這回事。我們搭上F線地鐵，但我意識到他跟我們搭上同一台車。就在車子一站站緩慢移動的過程中，盯著他看的我變得愈來愈憤怒。有多少次我遇到這種事都選擇默不作聲呢？我心想。

「我打算去跟他說點什麼。」我告訴我的朋友，他們也鼓勵我去挑戰那個男人。我努力穿越過車廂中的人群，站在坐著的他面前，沉靜地說完我要說的話。我不只說他是個種族主義者，也咬牙切齒地表示他是在給自己的孩子做出極為糟糕的示範。等回到朋友身邊時，我已經感覺頭在一陣陣抽痛，但接著又回頭看見他起身走向我們。他一邊接近我們，一邊指著我室友的男友並出言威脅：「他很幸運不是你男友，因為如果他是你男友，我會暴打他一頓。」然後他走回去坐下。我震驚到說不出話，但同時也鬆了一口氣，畢竟情況沒有以暴力或更多的種族歧視發言收場。我室友的男友不停說：「真希望我有開口說些什麼。」然後我們要下車的車站到了。就在我們下車時，那男人在擠滿人的車廂內對我大吼：「天殺的中國佬！」

「去他媽的白人垃圾！」我也吼回去。
在月台上時，我那位剛剛在火車上什麼話都說不出口的朋友突然哭了出來。
「我以前從沒碰過這種事。」她哭得很慘。
就這樣，我成了這個事件的配角。我本來打算安慰她，但終究在最後一刻阻止自己去回應這個荒謬的衝動。此時我的怒氣和傷痛都已經被轉移到她身上，即便到了正在書寫的此刻，我對她的不滿都比對那個男人更強烈。我們沉默地走回我們的公寓，一路上她都在哭。

二〇一六年是屬於「白人眼淚」的一年。網路上到處流傳著黑人、棕色人種或亞裔女性用一個白色馬克杯悠閒、緩慢啜飲著的迷因圖，而那個馬克杯上就浮雕著「白人眼淚」（White Tears）的文字。這些迷因暗示的是有色人種對白人眼淚的極度不在乎。不只如此，面對白人眼淚時，他們還會津津有味地產生某種幸災樂禍的感覺。當然，「白人眼淚」指涉的不都是痛苦的感受，而是白人在發現種族歧視壓力是如此難以承受時，他們會變得過度敏感又充滿防衛心，並轉而將那種壓力聚焦在自身受傷的自尊心，於是因此經歷到的特定情緒脆弱狀態。

二〇一一年，學術研究者薩繆爾・R・索默斯（Samuel R. Sommers）和麥可・I・諾頓（Michael I. Norton）執行了一項研究，並在其中發現每次白人表示他們所認定的反黑人偏見減少時，同時也會認為反白人偏見有所增加，就彷彿他們認為種族歧視是一種零和遊戲。這個概念可以濃縮在前司法部長傑夫・塞申斯（Jeff Sessions）的一句發言中：只要不利於你們的情況愈少，就代表不利於我們的愈多。在這份研究執行的當下，美國白人是真的認為反白人偏見是一個比反黑人偏見**更嚴重**的社會問題，但明明我們的總統只有一位不是白人，歷史上的國會也有百分九十都是白人，而且白人的財產平均淨值是非白人的十到十三倍。事實上，種族之間的收入差距只是變得愈來愈大。三十年前，黑人的家庭資產中位數是六千八百美金，可是現在卻只有一千七百美金，與此同時，白人的家庭資產中位數卻是從十萬兩千美金成長至十一萬六千八百美金。學者琳達・馬丁・阿爾科夫（Linda Martín Alcoff）指出，這種資源的囤積狀況實在太過不成比例，導致就效果而言，白人性的種族計畫（racial project of whiteness）其實就是一種寡頭統治。

然而他們那種錯誤的受迫害感只是愈來愈跨張，正如艾比蓋爾．費雪（Abigail Fisher）的案子（即眾所皆知的「爛成績貝琪」案件）。艾比蓋爾．費雪在二〇一六年將自己的案子上訴到最高法院，宣稱德州大學拒絕她入學的原因是她的種族，但其實只是因為她的成績太差。在面對「黑人的命也是命」（Black Lives Matter）運動時，大家常聽見的回擊說法是「所有人都命都是命」。這句話間接傳達出了他們的被害妄想狀態，因為這裡的「所有人」不是暗示一種追求融合的態度，而是一種圈地保衛式的代名詞。這種說法強調的是「不要把這個問題變成種族問題」，為的是讓無形的白人霸權能不受挑戰地存續下去。

二〇一八年，我去看了藝術家卡門．威南特（Carmen Winant）的一件裝置藝術作品，她用兩千張正在生產的女性照片貼滿現代藝術博物館（MoMa）的兩面牆。她用膠帶貼上去的照片中有許多都是從近三十年間的書籍和雜誌中剪下來的，照片中的女人可能蹲著、可能雙手雙腳著地、可能正在分娩池中，又或者是雙腳開開放在腳蹬上——所有人都處在分娩的極度痛苦中。有些照片中的新生兒剛露出頭頂，頭頂的深色邊緣正在扯裂母親長滿短毛的陰道口。其中一張照片從背後拍了一位手腳撐地的母親，她身上的長袍下擺被拉到腋下，新生兒皺巴巴的臉正從靠近她肛門的地方探出來。這些照片散發的原始榮光中可說隨處都顯露出情緒：喜悅、痛苦、敬愛及寬心。

這些照片中的女人幾乎都是白人女性。單獨觀看每張照片時，我因為這些母親的疲倦及喜悅深受觸動，可是只要往後站遠，我就無法忽視這是一張屬於白人的牆。威南特把她能從二手書中找到的所有寫實生產照片都貼在這裡，這個極度累人的過程卻只促成這些畫面的單一性。評論者將這個裝置描述為具有「普遍性」且「令人驚奇」。然而，與其說這是一種針對生產且發自肺腑的「激進性揭露」行為，我卻只看到其中的白人性。在威南特極度努力地想要召喚出「所有人」的情緒之際，我只感覺自己被圈地防衛在城牆之外。

相對於那些無法將白人視為一項種族分類的白人評論家，我可以主張自己能夠看見這部作品中的白人性。可是最近我開始感到質疑，我這種注意到「白人空間」的能力是否讓我難以享受任何其他事物？我因此成為一個愛抱怨的女人，一天到晚指出許多本來就（或應該是）顯而易見的事實。當喬賽・薩拉馬戈（José Saramago）小說《盲目》（*Blindness*）中的角色失明時，他們的視野並不是變暗，而是如同「張眼掉入牛奶海中」地變成一片白色。我不管走到哪裡都會看見那片白色。我不但可以感受到其中的各種算計，也可以看見自己的心靈染上這種白色，就彷彿浸入了照X光時不讓輻射線透過去的染劑。這個受沾染的痕跡讓我在面對他人時不停為自己擁有的人生心存歉意。我甚至不再認為我的人生有任何欠缺。但即便是在試圖對抗的情況下，我仍是以白人為基準來看待我的人生。

最近我讀到詩人娜塔莉・狄亞茲（Natalie Diaz）在推特上發的一則推文：為什麼有色人種作家總是必須討論白人性？明明白人性已經是一切事物的中心了，為什麼我們的作品還得圍繞著白人性展開？在從博物館搭地鐵回家的路上，我想到我的外婆失去了三個未滿十八歲的小孩。然而這個故事說出來後是否只會成為一個悲傷的故事？而且是一個可以貼在那面牆上以突顯白人性的故事？

我必須透過創作來處理白人性，因為在這個國家白人至上的資本階層中，亞裔美國人還沒真正處理好我們的定位問題。我們的進度落後到讓部分亞裔美國人認為種族與他們的生活無關，而且是「沒怎麼注意到」的這種態度。但這是一種判斷失誤，就像白人也會如此描述自己的處境，以至於造成這種情況的原因不只是我們面對的歧視，還源自我們基於種族身分而一直以來獲得的權利。這些亞裔美國人是我的堂親和表親、我的前男友，同時也是窩居在布魯克林的我，比如我就在一個溫暖的好日子裡突然意識到，我其實可以不用讓這些種族的鳥事影響我，是我自己**選擇**要去煩惱這些問題而已。我可以只為了自己而活、為了與我親近的家人而活。我可以只想辦法回應父母的期待，反正他們的生存本能跟這個國家的新自由主義思潮方向一致——也就是為了成功可以犧牲任何人，並同時埋葬那些將我們綑綁住的羞恥感。所有在美國長大的亞洲人都很清楚我描述的那種羞恥感，只是程度不同，而且都一定親身感受過這種羞恥感所燒出的油亮火焰。

因為幾個不同的因素，大家終於在二〇一六年看見了「白人性」的存在：人口組成數據的改變顯示美國白人很快就要成為少數族群，此外，穩定工作數量的減少導致一些白人出現被剝奪感，因此把脾氣發在移民身上。而且自從佛格森事件[2]之後，人們開始抗議從司法體系、教育到文化等各領域的種族不平等問題，媒體也開始大量關注黑色及棕色人種的民權運動者。就算之前沒有，美國白人現在也開始因為膚色而覺得自己顯眼，而他們在面對這種容易因為膚色而受到攻擊的反應則是感到——羞恥。

羞恥是一種難以承受的內在感受，但這種逼人詳細檢視自我的羞恥感勢必會帶來生產力。其實當進步主義白人在評估自己的生活是如何受到特權主宰時，一直以來經歷的也是同樣狀況。多年以前，每次只要出現跟種族有關的話題，我的白人學生就會尷尬地不說話，不過現在有很多學生會在我談到種族之間的關係及他們在其中的角色時認真聆聽，並努力去消化其中的複雜性，這讓我得以對未來懷抱希望。阿爾科夫將這種自我檢視稱為「白人的雙重意識」，其中牽涉到「透過主宰及非主宰的透鏡」去觀看，「並辨識出後者為足以矯正現況的關鍵真相」。

2　譯注：佛格森事件指的是二〇一四年八月九日發生在密蘇里州聖路易郡佛格森當地的一起致死事件，非裔美籍的十八歲青年麥可・布朗（Michael Brown）走在路上時遭到白人警員射殺，一部分民眾認為警方執法過程中有種族歧視的問題，因此引發了後續的暴動。

可是儘管羞恥可以帶來具有生產力的自我檢視行為，卻也可能導致「輕視」的感受產生。在《情感意象的意識》（*Affect Imagery Consciousness*）一書中，心理學家西爾萬．湯姆金斯（Sylvain Tomkins）釐清了輕視和羞恥在一個社會中的差異：

> 民主社會中的人很少運用輕視這種感受，就怕損害社會的團結，不過在階層組織清楚的社會中，為了維繫不同個體、階級和國家之間的距離，這種感受卻很常遭到運用。在一個民主社會中，輕視的感受通常會被「同理性羞恥感」（empathic shame）所取代，在出現這種感受的當下，批判不公者會因為其他人的作為而羞愧地垂著頭。此外，輕視也可能被「沮喪」所取代，此時批判不公者會因為其他人的作為而表達出自己承受的苦難；另外輕視也可能被「憤怒」所取代，此時批判者會想辦法糾正其他人犯下的錯誤。

為了驅散羞恥的感受，同樣人性化的做法是在面對讓自己感到羞恥的對象時選擇讓對方處於不利地位，或者拒絕與他們繼續來往。正是因為如此，大部分美國白人都住在種族隔離的環境中，因為如同阿爾科夫寫道，這樣能「保護並阻隔他們不受種族相關的壓力所影響」。因此，任何和少數族群的近距離接觸——看到拉美家庭搬進他們的小鎮、看見黑人抗議者在紐約中央車站模仿新聞畫面大喊「我不能呼吸」——都會引發難以忍受的不適感。突然之間，美國人對自己的白人身分感到不自在，這種不自在讓他們誤以為自己的身分認同**受到威脅**。於是在感覺不太對勁的過程中，他們開始覺得**受到錯怪**。如果被要求意識到種族壓迫的現實時，他們也會覺得備受壓迫。我們雖然嘲笑白人眼淚，但白人眼淚也可能變得危險。正如戴蒙·楊（Damon Young）在線上雜誌《根》（*The Root*）所解釋的一樣，正是因為白人眼淚，被打敗的南方人拒絕接受黑奴獲得自由的現實並組成三K黨。另外也是因為白人眼淚，百分之六十三的白人男性和百分之五十三的白人女性才會選出一個充滿惡意的巨嬰當總統。因為只要認知到歷史的真相，他們就必須被迫負起責任，而與其面對這樣的羞恥，他們寧願透過任何必要手段來維護自己的純真。

二〇一七年二月一日，一位五歲的伊朗裔孩童明明還是個未成年人，卻在華盛頓特區的杜勒斯機場（Dulles International Airport）遭到上銬並拘留了五小時，原因是「被指出可能帶來威脅」。這是川普禁止任何旅客從七個以穆斯林為主的國家入境美國的行政命令帶來的直接結果。他們甚至也不管這個男孩是來自馬里蘭州的美國公民。白宮發言人指出：「只因為年紀和性別就假定對方不可能造成威脅，會是一種錯誤和判斷失誤。」政府在那天引發的憤怒直到現在仍讓人記憶猶新。數千名紐約人衝到約翰．甘迺迪機場（JFK Airport）抗議這項禁令。等到男孩終於回到母親身邊後，抗議群眾還為擁抱的兩人歡呼。看著這個新聞片段時，我為他們的重聚感到安慰。可是這一天將會在他成長的過程中帶來什麼影響呢？

無論我們的家庭是來自瓜地馬拉、阿富汗還是南韓，自從一九六五年起，美國的移民就一直共享著超越這個國家的歷史，這樣的歷史也連結到我們原本國家的歷史，因為在我們離開的這些國家中，我們的家族血脈都遭到西方帝國主義、戰爭，以及由美國操縱或支持的獨裁政權所斬斷。我們努力想在美國找到歸屬感，還表現得心存感恩，就彷彿獲得了重啟人生的機會，可是我們共享的根源不是這個國家給予我們的機會，而是白人至上的資本累積藉由吸取我們國家的血來壯大自身。我們不能忘記這件事。

身為一個作家，我決心要翻轉這個白人純真的唯我論，這樣我們的國家意識才會更接近像是那個伊朗裔美國男孩的孩童心靈。他未受保護的意識甚至在識字前就已得知這個國家可以行使出什麼樣的暴力，此認知勢必會讓白人的想像變得難以成立，因為這孩子的意識不可能擺脫歷史過往，而像他這樣的人終有一天會成為這個國家的多數人。

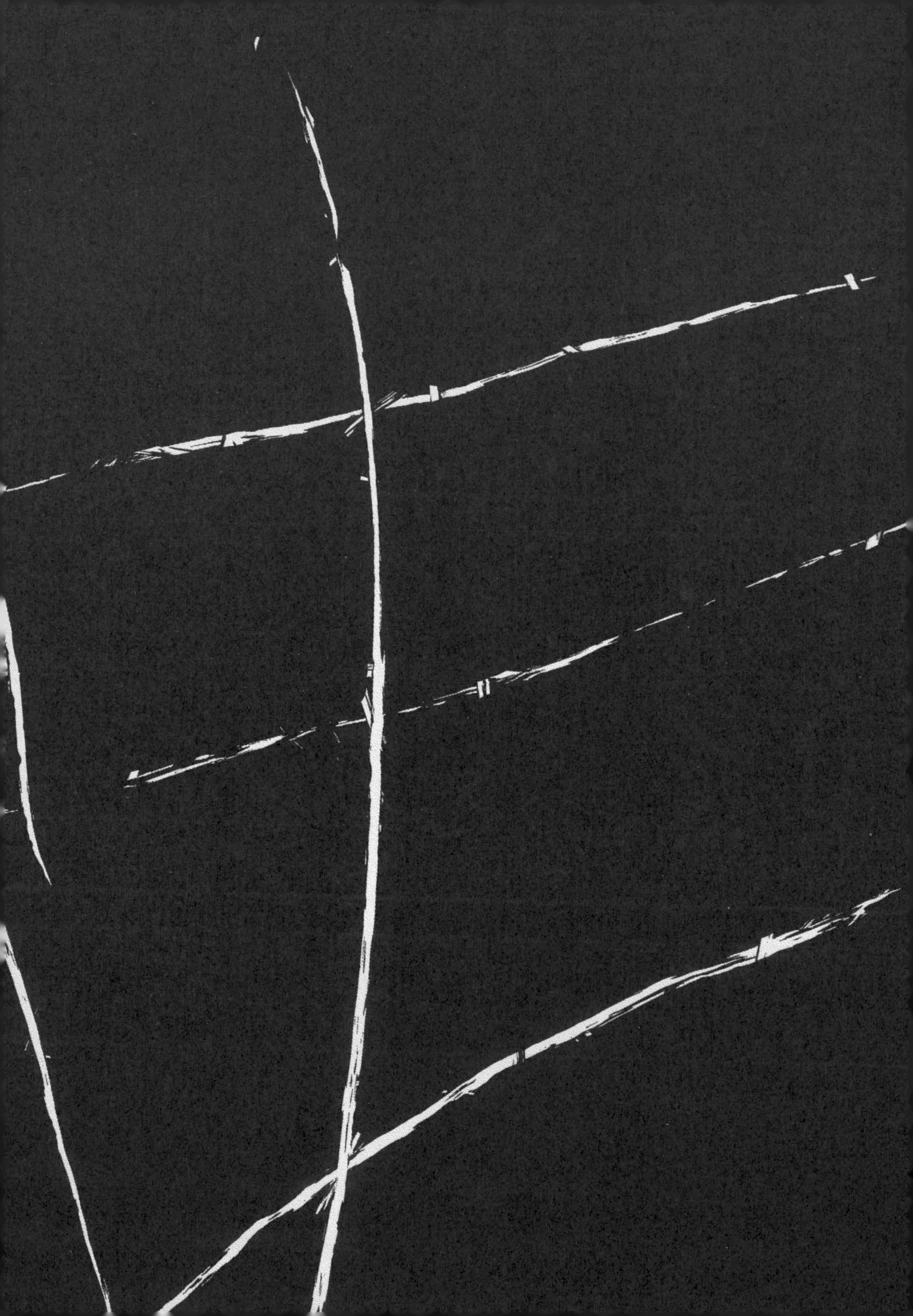

爛英文
BAD ENGLISH

我小時候和我的文具之間有一種特別的、幾近情欲的關係。我蒐集文具的方式就跟其他小孩蒐集娃娃或動畫角色玩偶一樣。「我真的得買一支鉛筆。」就在維吉尼亞・吳爾芙（Virginia Woolf）衝出門準備在倫敦冬日的街道上展開漫遊之前，她說的就是這句話。我完全可以想像她的著急心情，因為我也對鉛筆抱持著熱情，只要那是一支薰衣草色的纖細自動鉛筆，而且整枝筆都裝飾著廉價鮮亮的Hello Kitty，上頭還掛著一條細緻的銀鍊子就行。橡皮擦也是，那些橡皮擦都有著覆盆莓或香草的氣味，外型做成圓嘟嘟又粉彩色的三麗鷗牌（Sanrio）卡通動物，而且每隻動物的眼睛上都有夢幻白點。我實在很愛我的那些橡皮擦，愛到必須阻止自己去把他們的頭咬下來。我一開始用得很小心，總是在筆記本上用這些橡皮擦動物短短圓圓的腳輕輕擦拭。可是一等我的橡皮擦被髒兮兮的石墨毀得差不多之後，我就會開始無情又粗魯地擦掉我犯下的任何錯誤，直到最後橡皮擦只剩一塊灰灰髒髒的臉，以及一隻如同悲傷標點符號的眼睛。

因為某些原因，我在教會營隊時成為被排擠的目標，跟我同齡的韓國女孩把我趕出她們的房間，占據所有的床，就算還有空床卻還是堅稱睡滿人，我只好被迫去跟隔壁房間年紀較小的女孩擠在一起。某天一大早，我被我深愛的文具背叛。我打開沒有上鎖的Hello Kitty日記，看見有人在第一頁用顯然是自動鉛筆寫下的整齊草體字：**小凱，滾回家**（Ketty, go home）。

我認識的這些韓國女孩總是鬱鬱寡歡，她們可以把雪維亞・普拉絲（Sylvia Plath）[1]的作品搞得像是公共事務衛星有線電視網（C-Span）一樣無聊。她們有些是來自洛杉磯的韓國城，身上穿著時尚品牌橘滋（Juicy Couture）的仿冒衣物，妝容追隨的則是柯拉斯（Cholas）[2]風格，說話時帶有那種「亞裔菜鳥新移民」、幫派集團，或是鄉下地方的混

1 譯注：雪維亞・普拉絲（1932-1963）是美國的一位傳奇性天才女詩人，她長年遭憂鬱症所苦，曾多次自殺未遂，最後於三十歲時自殺身亡。

2 譯注：柯拉斯是一種源自於洛杉磯的次文化，其常見的妝容風格包格如同貓眼一般的戲劇化眼線、霧面粉底、細眉、暗色唇膏搭配明確的描唇線，另外通常會搭配大型垂墜耳環以及裝飾風格華麗的壓克力指甲。

合語（creole）口音。比如，有個名叫葛蕾思的女孩發現我盯著她那畫得死白並用黑色唇筆描邊的雙唇看時開口問：「婊子，看什麼看？你**蕾絲**嗎？」之後我嘗試在字典裡查「蕾絲」（lesbo）[3]這個詞，並因為找不到而鬆了一口氣。

在我的成長階段，身邊的人說的都是爛英文，所以我的英文也很差。我出生在洛杉磯，英文卻是非常令人尷尬地直到六歲時才變得流利，甚至有可能是到七歲吧。入學讀書對我來說就像搬到另一個國家。在那之前，我身邊全是韓國人。我在韓國城的教會或和親友對話時聽到的英文也都相當簡短、雜亂而破碎：主詞和受詞會以奇怪的方式通婚，動詞則永遠是否定狀態，定冠詞也不知道跑去哪了。青少年發洩情緒時會在不停出現的「幹」之間插入韓語：「幹他去死！오빠（讀音為Oppa）是個渾蛋！」

若要在英語環境中生存，移民首先要認識的就是髒話。我的表親和堂親來到美國後，為了讓他們能好好面對學校生活，我立刻把儲存在腦中的所有咒罵用語傳授給他們。我舅舅說他以前所有句子的開頭跟結尾都是「幹你媽的」，因為他在紐約當成衣批發商時都是跟黑人顧客學英文。我的舅舅是個下流又精力旺盛的男人，在那之後就算回到首爾，他仍是繼續用這種方式維繫自己的英文能力。

舅舅：那個詞是什麼？就是你下面長的蝨子？

外甥女：陰蝨？

舅舅：對啦，陰蝨。我學了一個新的英文單字——陰蝨！我以前得過一次。

外甥女：……

舅舅：才不是你想的那樣。我不是從妓女身上得到的。

外甥女：那是怎麼得到的？

舅舅：服役的時候。那時候大家很容易得到陰蝨，因為沒廁所可用，我們只能在地上挖一個洞，還得把所有毛髮剃光，所以下面那裡都沒有毛。那時真可怕。有一次我們還把一個男人綁在樹上後丟在那裡。

我的英文永遠都是從某處借來用的，來源包括嘻哈歌曲、西班牙式英文，以及《辛普森

3 譯注：這裡的Lesbo指的是女同志的英文Lesbian。

家族》（*Simpsons*）的卡通。我父親很早就在美國學到一件事：任何人想要成功就得懂得表達情感，所以他養成了不管看到誰都說「我愛你」的習慣，不管是對他的女兒、員工、顧客，還是航空公司職員都一樣。他一定是觀察到許多業務會一邊親暱地拍另一位業務的背一邊說：「愛你啊，老兄，很高興見到你！」可是他本來就不是個愛跟人**稱兄道弟**的男人，說話時也沒有拍對方背的習慣，導致他說這句話時散發出一種不得體的親密感，尤其是他還會沉靜地說出這句炙熱的告白之語：「謝謝你幫我弄來這些訂單，」他會在掛掉電話之前這麼說，「嗯，柯比，我愛你。」

我其實很少真的使用我的自動鉛筆，大多時候都只是欣賞這些筆一字排開的樣子。我的自動鉛筆是淡草綠色、紫紅色和棉花糖粉色，這一支支保存良好的魔杖象徵著我之後即將展示出的美好女性特質。我把這些筆保存得愈久，想使用這些筆的心情就變得愈難以承受，可是我還是不讓自己用，因為我感受到的強烈喜悅正是來自逐漸累積的渴求，而不是去獲得滿足。倪茜安曾寫道，任何人都難以抗拒想把可愛事物吃掉的渴望，因此想要將任何物件大規模商品化時，「可愛」因其「可消費性」（consumability）成為其中的理想元素。所謂可愛物件就是些女性化又無法自保的小東西，這些東西可以激發出人們想將其抱住並用臉去磨蹭的母性渴望，而我在面對那些沒有嘴巴的三麗鷗角色橡皮擦時湧現的正是這種心情。不過這種事物也會喚醒我們內心的施虐渴望，讓我們想要主宰、侵犯對方，或許正是因為如此，我才會抑制自己想去使用這些文具的渴望，為的是迴避自己較為黑暗的本能。

但我最後還是屈服了。我按壓自動鉛筆的尖端，讓一小截筆芯鉛喀噠一聲冒出來。由於我小時候對寫字沒興趣，所以我拿自動鉛筆來畫畫，藉此塗抹出許多跟我長得一點也不像的女孩。一開始我是個糟糕的繪圖者，我先用U畫出臉的外圍輪廓，然後在裡面畫上彷彿歪倒露珠的眼睛，之後在臉的上方畫上捲捲的頭髮，其中每根髮絲都像床墊彈簧一樣粗。可是過了幾年後，我的技巧提升不少，開始可以像樣地畫出我熱愛的女性動畫角色。

我很享受畫眼睛的過程，因為我跟所有人一樣迷戀那些動畫人物的眼睛，那些迷人的眼球幾乎被虹膜完整覆蓋，整片深藍色的虹膜上有著如同雪花的斑點，上方還覆蓋著你見過顏色最黑的濃密睫毛。那些眼睛看起來好大、好純真，而我的小眼睛多寒酸啊。可是他們的鼻子總是超出我的掌握，無論我花多少時間練習都無法把那一小撇扁扁的鼻子畫好。我很不幸地遺傳到父親顯眼的鼻子，那根鼻子從側面看起來就像數字6，但只要我抱怨這件事，母親就會抗議地表示那可是皇室才有的鼻子，可是教堂裡的孩子用最基本的英文喊出了真相。

「你為什麼有大鼻子？」

「大鼻子。」

於是我在一張張紙上畫出一撇撇鼻子，就這樣浪費掉大概五百張紙，只為了可以精準畫出那個完美鼻子。有一次，我夢到許多動畫中的女孩踩著彈跳桿彈上天空又落下，她們的馬尾飛散後像是由捲髮組成的光環，格子裙在空中飄揚、旋轉，大大的眼睛中閃著光芒。我抬眼的時機正好，於是看到一個女孩沿著弧線彈上天空，然後再像火箭一樣直直朝我落下——她打算用彈跳桿把我的鼻子壓扁。

我現在有蒐集爛英文的習慣。我會瀏覽「Engrish.com」[4]這個搞笑網站，許多人都會將來自東亞國家的錯誤英譯照片上傳到這裡，其中的照片被分成許多類別，例如告示牌（「請勿交談，以防飛沫[5]」）、T恤（「我在吃**他**時感受到一個幸福[6]」）和菜單（「香烤丈夫[7]」）等。其中觀看數最多的圖片是為了推廣一款極受歡迎的珍珠飲料所做的漫畫廣告，廣告上的圖說寫著「我是珍珠茶！吸我的球球！[8]」。

我會把這些英文偷來用在我的詩裡面。就拿「我在吃他時感受到一個幸福」來說，這句話擁有令任何詩句足以讓人驚喜的所有特質。由於一點文法上的意外，原本熟悉的情懷變得陌生，而驚人的錯誤（Error）也因此化身為愛神厄洛斯（Eros）。那個毫無必

---

4 譯注：Engrish一詞出現於一九四〇年代，當時指的是日式英語，因為日語當中的L和R常被混淆，後來在一九八〇年代開始泛指所有亞洲人所使用的錯誤英文。

5 譯注：原文為Please No Conversation, No Saliva。英文原文讀起來大概可懂意思，但說法很怪。

6 譯注：原文為I feel a happiness when I eat Him。英文原文讀起來意味不明。

7 譯注：原文為roasted husband。該詞為「烤麩」這道菜的英文菜名，由於其中文一度在美國被寫成「烤夫」的關係，因此出現如此英譯。

8 譯注：原文為I'm Bubble Tea! Suck my Balls!。這裡的「球球」（balls）可以被解讀為睪丸的意思。

要的「一個」正是關鍵，整句話的調性因此出現細微變化，就彷彿散發出不詳的電子動畫高音；同時，這裡的「一個」點出那個愛人並不是被幸福的感受滅頂，而是站在一步之遙外感受著幸福。於是這句話中的「一個」就像一顆多出來的牙齒，不但為我們敲開一絲不確定性，也讓我們看到她在細想這所謂的幸福意義時所展現出的冷淡狀態。她不確定自己為什麼幸福，但她在吃他時確實感到幸福。

有一天，我正在看那些拍攝T恤的照片，剛好看見一個年紀很小的中國男孩毫無自覺地穿著一件上面寫著「女陰」（Poontang）的上衣。這張照片喚起了我的回憶，也就是我小學時穿著「花花公子」的兔頭T恤去上學的往事。我本來已經完全忘記這件事，但想起這段回憶後，我開始能在腦中明確看見拍下那些照片的人長的樣子：他們是跑去韓國、台灣、日本和中國旅行的背包客——可能是白人，也可能是亞裔美國遊客。這些人明明是外人，卻在別人的國家裡把當地人當成外人對待。

英文是我們在不停擴張新自由主義時足以跨越不同母語的通用語，是為了推廣品牌認知度及外包勞力所需要使用的消費者語言。一個國家的發展程度愈高，就愈是需要像是審稿人的角色來處理這些問題。我二〇〇五年在首爾住了一年，當時也會把這些像難看壁紙一樣貼在店門口的「東亞英文」標語拍下來，但也對全球化導致英文開始吞噬韓文的現象感到困擾。有時我眼前明明是用韓文字母寫出來的告示，卻在緩慢讀出來後發現是個不熟悉的詞彙，最後才意識到上面寫的是「抽脂」的英文[9]。有個朋友告訴我，年輕情侶現在都比較喜歡用英文說「我愛你」，他們之所以不太用韓文來表達，是因為覺得英文才能更真實表達出愛意。

網路上顯然曾有一段時間流行T恤上有色情文字或符號的亞洲小孩迷因圖。我就找到許多圖片中的小女孩穿著米奇比中指圖案的毛衣，還有一個幼稚園小朋友穿的無袖衫上寫著「希望你是啤酒」，另外還有一個看來孤寂的男孩坐在球場的露天座位上，身上的毛衣寫著「耶穌到底天殺的是誰」。

我想我找到我的同類了。

9 譯注：據推測作者看到的標語寫的應該是「리포석션」（讀音為lipo-suk-shen），而意思指的就是英文中的抽脂（liposuction）。

曾經那是我的羞恥感來源，但現在我可以驕傲地說：爛英文就是我所繼承的遺產。過去有許多無法精通英文的作家將此變成一種號召同類的方式，而我在文學上跟這些作家系出同源——這些人劫持英文、用逃亡者的唇齒將其變形，進而破壞、晃動、砍劈英文這個語言，並將這個語言醜惡化、**他者化**。所謂的將英文**他者化**就是讓編織在語言中的帝國主義力量得以讓人聽見，也是把英文這個語言劃開，好讓裡頭的陰暗歷史得以流淌出來。

在〈他者：從名詞到動詞〉（Other: From Noun to Verb）這篇文章中，詩人納撒尼爾．麥基（Nathaniel Mackey）針對「他者」這個詞進行了細部區分，他表示名詞的「他者」具有社會性，而動詞的「他者」具有藝術性：

> 藝術層面的他者化跟創新、發明及改變有關，而一個文化的健康及多元性也必須藉此才能存在、興盛。社會層面的他者化則跟權力、排除及特權有關，他者必須透過與某個中心化名詞的相對關係來受到衡量、懲罰，以及邊緣化。我的焦點在於受到後者宰制的人執行前者的方式。

麥基的文章標題是從阿米里・巴拉卡（Amiri Baraka）借用來的，他巧妙地將白人音樂家從黑人音樂獲益的過程定義為「從一個動詞變成名詞」。舉例來說，**搖擺**（swing）是個動詞，意思是對音樂做出反應，這是黑人創造出來的音樂，但之後白人音樂家將其偷走後包裝成一個商業品牌「搖擺樂」（Swing）。麥基呼籲我們將白人的名詞奪回來並恢復成動詞，方法則是透過「闖入」殖民者的英文，並從不同族群的語言中煉造出新字詞。我自己將英文他者化的方式是在遭到英文吞噬之前先下手為強。透過這個過程，我們或許可以像朴贊郁的電影《原罪犯》（*Oldboy*）中的一個場景一樣彼此吞噬；在那個場景中，有個男人大步走進壽司餐廳點了一隻活章魚，於是有隻章魚被完整送上桌，而且還在盤子上滑溜溜地扭動。他試圖把整隻章魚塞入口中，但章魚實在太大了。然後那隻頭足類生物包住他的整張臉，所有觸腳緊緊纏繞住他的頭，搞得他根本無法呼吸。最後他終於失去意識。

在寫作狀態好的那些日子，我就是那隻章魚。

我母親在美國住了四十多年，但仍只會講非常基礎的英文。如果是用韓文，我母親完全可以表達自己的心聲，畢竟她個性犀利、慧黠、很愛表達意見，而且還有點過度自負，可是她的英文就像有人隨便亂壓的琴聲一樣，所以小時候我只要聽見她跟白人說話就會很受不了。每次我都會在母親說話時看著那個白人，對方——通常是女性——的臉上會擺出極度容忍的驚恐表情：張大的雙眼因為不得不表現出耐心而僵直，大大的微笑透露出紆尊降貴的姿態。不過在她開始用專門應付幼兒的語調回應我母親時，我會出聲介入。

從很小的時候開始，我就學會盡可能用權威人士的姿態來代替母親發言。我不只想驅散那個女人藏在眼底的嘲弄，也想用我那令人吃驚的流利英文讓她為自己剛剛腦中的想法感到羞恥。我後來意識到，我之所以會想寫作的其中一個原因，就是那些曾對我們家做出不公正評斷的人。我也想從我的立場對他們做出評斷。我想證明我從頭到尾都把這一切看在眼裡。

亞洲口音實在太慘了。這實在是個備受貶低的口音，也是大家覺得最難忍受所以非嘲笑不可的口音，因此想透過這個口音讓人好好聽你說話實在太難。我必須難為情地說，我有時也表現得就跟那些白人女性一樣。比如打電話到一間中國餐館點外送，卻發現收銀員聽不懂我要說的話時，我會在重覆說明時表現得很不耐煩。又比如我打電話到時代華納公司（Time Warner），卻發現接我電話的人有印度口音時，我會因為之前聽說印度客服中心沒把員工訓練好而立刻惱火起來。我曾有一個理論：外送平台「無縫」（Seamless）的發明就是為了讓美國人不用手忙腳亂地應付移民的口音問題。所以這些印度客服中心遲早也會被自動化技術取代。那些機器可以將早已被英文輾去多元差異的口音變得更為扁平一致。

我注意到有種新的「電視亞裔口音」已然出現，那是一種真的亞洲人不會使用的口音，只有螢幕上的亞裔美國演員會這樣說話：這種口音非常溫和、適合在影集中出現，而且聽起來也不難懂。我總是無法把已經很少見的亞裔美國影集看完，因為其中的內容總是討好主流，其中又充滿可愛的戲謔橋段。可是話說回來，如果要拍攝真正的韓國家庭——至少是我成長過程中看到的家庭——我必須極端地說：那種影集也上不了電視。美國人看了一定會感到既無聊又驚恐。**喔老天！為什麼沒人打電話給兒童保護局！**他們一定會對著螢幕這樣大吼。

自從開始認真寫詩之後，我就一直以不當的方式使用英文。我刻意玩弄各種措辭，就像專業管弦樂團中的一位外行音樂家，總在不正確的時間點敲鈸或太早吹響長笛。我會在情緒高漲的時刻使用情緒低落的措辭，或在尋常的狀況下用慷慨激昂的演說語調訴說。我用推銷員的叫賣口吻為詩人山謬・泰勒・柯立芝（Samuel Taylor Coleridge）的〈忽必烈汗〉（Kubla Khan）寫了一首伴侶詩[10]，還用我自己發明的混語英文寫了一首史詩風格的敘事詩。我想把所有被排拒在局外的各種「英文」扯進局內，也想把這唯一身處局內的「英文」拖到局外。我想要一點一滴破壞這根詩歌的頂天梁柱，最好還不只是緩慢地侵蝕，而是要狂野地破壞。可是我指望在破壞後找到什麼？難道只為了指出英文是多麼無法符合各種人的需求，就會是破壞英文的充分理由嗎？

我外婆以前會以非常虔誠的心態觀賞一齣很久以前的約會節目《戀愛連線》（*Love Connection*）。她其實聽不太懂英文，但還是覺得看兩個人在沙發上彼此聊天足以令人捧腹大笑。她會跟著罐頭笑聲一起笑，然後轉頭看我有沒有一起笑，之後再回頭對著電視笑得更厲害。那個罐頭笑聲跟我外婆的笑聲彼此呼應，兩者都是由聲音形成的空蕩洞穴，把我們家缺乏歡樂的緊繃氣氛襯托得更為清晰。在她看那個節目的同時，我只是警戒地坐在一旁，耳朵被這個聲音扎得很不舒服，並因為罐頭笑聲不停要求我一起笑的惱人勒索而愈來愈煩躁。我家只是一個臨時的空間，其中的每個此刻都浪費在恐懼未來可能發生的事。我總是知道我母親會在何時陷入什麼樣的糟糕情緒，但無法精確預知她會何時發作，所以我只能等待、不停等待，直到聽見她用盡全力尖聲叫出我的名字，此時我就必須跳起來關上所有窗戶，以免讓這個房子內的聲音洩漏出去。

身為一位詩人，我總是在權力爭奪的過程中把英文當成武器，並揮舞著這項武器去對抗那些比我更有權力的人，可是卻會在使用英文表達愛意時變得結結巴巴。我總是小心翼翼確保家人在屋內的聲音不會洩漏出去，因此也不知道如何讓外界參與進來。將我養育成人的關愛總是緊密地和痛苦糾纏在一起，因此我害怕要是開窗通風，也就是真正表達出我的愛，那樣的愛終究會氧化成背叛，就彷彿我在用英文跟我的家人作對。

10 譯注：「伴侶詩」（companion poems）通常是為了某首詩寫的作品，兩首詩不見得要是同一位作者，一首詩也不見得只有一首伴侶詩。伴侶詩必須和原詩一起閱讀，不然讀者至少也要理解兩者之間的呼應關係。

我蒐集爛英文的做法要到什麼程度才算是僭越呢？儘管我過去已從夏威夷的洋涇濱英文和西班牙式英文中借用了許多靈感，現在卻會在使用這類語句之前考量得更加仔細。電影《瘋狂亞洲富豪》（*Crazy Rich Asians*）首映時，推特上有許多人聲稱演員奧卡菲娜（Awkwafina）的口音是一種歧視性的「塗黑臉」（blackface）行為，然而她的口音跟我在洛杉磯韓國城聽見的口音並無太大差別。我從沒想過那些韓國城的女孩是在進行「塗黑臉」的行為，只覺得她們是在模仿身邊的年輕人講話。

在我寫作的當下，這個國家的政治光譜兩極都已開始進行身分認同的防禦工事。白人國族主義的興起導致許多非白人開始憤怒又驕傲地捍衛自己的身分認同，同時要求白人針對他們數世紀以來對非西方文化的強取豪奪進行補償，而這種怒氣儘管理由正當，卻已出現副作用：現下瀰漫著一種「管好自己」的政治氛圍。藝術家和作家被要求只能基於自己的個人族群經驗來發聲。這種政治氛圍不只假定種族身分是純粹的——忽略在現存現實中，不同種族的邊界往往會彼此重疊——也將種族身分認同簡化為一種智慧財產。

當受到一首詩或一部小說啟發時，我們會有想要分享出去的人性衝動，正如同路易士·海德（Lewis Hyde）所寫道，這種舉動會「在其後留下各種交織關係」的痕跡。可是在市場經濟中，藝術是一種遠離流通並供人收藏的商品，如果真要流通也只能是為了獲利，然而能在其中收割到極大好處的往往是白人創作者。在談及這個主題時，阿米里．巴拉卡說了一句極其重要的話：「所有文化都會向彼此學習。問題在於，如果披頭四告訴我，他們關於音樂的一切都是從盲眼威利（Blind Willie）身上學到的，我想知道為什麼盲眼威利現在還在密西西比州的傑克遜做操作電梯的工作。」

我們必須矯正這個不平等的分配狀況，可是在這麼做的同時，我們也不能忘記文化交流能帶來難以估量的價值，也就是海德口中的禮物經濟（gift economy）。我們在對抗市場經濟的同時也內化了市場邏輯，而文化在這樣的市場邏輯中會被當作產品一樣囤積，就彷彿一跟別人分享就會使其貶值。同樣是基於這種邏輯，我們不會將英文去殖民化，而是用英文去分裂一個個民族國家，並讓每個國家對彼此帶有敵意。然而創新的靈魂會因為跨文化的靈感而變得豐盛。如果我們都只在「管好自己」的小圈圈內做事，文化只會死去。

與其「直接地談論」一個在你經驗之外的國家，製片人鄭明河（Trinh T. Minh-ha）建議我們「逼近地談論」。在一場《藝壇》（*Artforum*）雜誌的採訪中，鄭明河表示：

當你決定去「逼近地談論」而非「直接地談論」時，你首先需要做的就是認知到，你和那些在你片中的人之間存在著可能的斷裂：換句話說，要為影片的再現留下開放空間，就算你已經非常逼近你的拍攝對象，也要下定決心不去代表、代替他們發言，又或是去主導他們。你只能逼近地談論，而且要近距離地這麼做（無論這個他者是物理性的存在亦或缺席），這會需要你刻意懸置意義，避免為一切簡單作結，並藉此在這個意義形成的過程中留下一個空缺。這能讓其他人在任何想要的時候進入、填補那個空間。這種做法能賦予雙方自由，也可以解釋為何許多製片人選擇這麼做，因為這種做法能讓他們獲得強而有力的倫理位置。透過不嘗試在與他者的關係中占據權威地位，你其實是在解放自己，這樣就不會因為宣稱自己無所不知的主張及其內含的知識階層，而讓自己困在隨之衍生出的無止盡準則中。

我之所以開始轉而書寫拼組式散文[11]，就是因為我無法全面性掌控亞裔美國人處境中糾結複雜的特質，只有能力去「逼近地談論」。每次我愈努力想要精確描述，就愈覺得一切超越我的掌控。我試圖把這個主題寫成抒情詩，可是抒情詩對我來說是一個舞台，也像一個雕像的基座，我可以從這裡投射出我的聲音，並藉此指出所有一切不為我的事物（所有非白人的詛咒就是必須不停忙著爭論你不是什麼，最後也始終無法談到你究竟是什麼）。我承認我有時還是會覺得亞裔美國人這個主題實在是無聊到令人難為情，並因此很想換掉這個主題——這也是為什麼我選擇使用這種拼組形式來書寫，因為這樣能讓我擁有許多得以離題的逃生口。可是我總是會再次回來，而且是從不同的角度切回來，這就是我一點一滴逼近主題的方式。

然而，如果我想逼近地書寫我的亞裔美國人處境，我覺得自己也有必要去逼近地書寫其他種族的經歷。有些學生問我，「我該如何在不總是回應白人性的前提下去書寫種族身分認同？」當然最直覺的回答就是「說出你的故事」。可是這樣做也可能是在回應

11 譯注：拼組式散文（modular essay）是由許多段落拼組起來，這些段落不見得是透過線性描述建構同一個論點，而是帶有參差對照的效果。

白人性，畢竟出版社想要的就是「樣板式的穆斯林經歷」或「樣板式的黑人經歷」。他們希望不同族群可以是各自獨立存在的故事，因為這樣比較好理解、也比較容易在行銷時找到定位。我打從開始寫作就不只對書寫自己的故事有興趣，我還想找出一種形式——一種訴說的方式——來針對白人性進行去中心化的工作。我之所以選定「爛英文」這種形式，是因為正如藝術家格雷格・博爾德威茨（Gregg Bordowitz）針對激進藝術的發言，這種做法可以繞過媒體演算法和消費者統計資料，將許多一般來說不會同室共處的群體連結在一起。

你無法用爛英文在推特上發推文。如果我用我的一行詩句發推文，那一定會像鉛塊氣球一樣沉沒到無人得見的所在。爛英文最好還是在線下分享，比如說在書籍相關的活動現場或其他表演現場。那是一種互動性的用語，而且一定要大聲讀出來才能讓彼此理解，就算我不真正熟知那些字句的意思，也無論其文化根源為何，那些難嚼的音節對我來說還是很熟悉，許多白人以外的族群也是因此才能被連結起來。不過爛英文是一種垂死的藝術，因為網路要求我們用清晰、簡潔的詩句使讀者駐足觀看，但如果你想真正了解一個人帶有口音的英文，你必須慢下步調，用你的全身去聆聽。你必須訓練你的耳朵，把注意力完全灌注在對方身上，但網路上沒人有時間做這種事。

所以只要這個情況沒有改變，我會想要逼近地書寫羅德里戈・托斯卡諾（Rodrigo Toscano）這個人，他會把西班牙式英文的音節像太妃糖一樣延伸拉開（他啊們想昂昂要把啊你一們恩殺阿阿掉奧[12]）；或者我會試圖逼近地書寫拉塔莎・N・內華達・狄格斯（LaTasha N. Nevada Diggs）這個人，她曾將黑人英語、日文、西班牙文、查摩洛語還有他加祿語重新結合並錄製成一首非洲風格的未來主義歌曲（……泡泡糖奇想／阿拉伯酋長的攪局者／一九七九年開始的激進分子／一位男巫師。一支湯米衝鋒槍。一個狼人。[13]）。我不能為拉美經驗代言，但可以針對托斯卡諾的爛英文進行逼近地書寫，並在不同段落中提供空缺，好讓讀者可以在我們之間找出連結。

---

12 譯注：原文是把「they wanna going to kill you」發音成「tha' vahnahnah go-een to keel joo」。

13 譯注：此段原文為「. . . bubblegum kink / a Sheik's interloper. / A radical since 1979. / a brujo. A tommy gun. A werewolf.」，其中brujo是西班牙文中的男巫師。

曾吳（Wu Tsang）是有一半華人血統的跨性別藝術家，她有一張細長又女性化的臉，一雙溫暖的棕眼散發著同理心。她把頭髮像現代舞者一樣在頭頂上綁成一球，身上穿的寬鬆背心露出她那色調漂亮又充滿肌肉的肩膀。她看起來不像是存在於這個世間的人，但同時又散發著俗世氣息，就好像她可以是一個生活在林間的神祕仙子，也可以是一個正在談論安全空間的重要性的誠懇助教。

二〇一二年，曾吳拍了一支紀錄片《狂野》（*Wildness*），影片的開頭是洛杉磯黃昏時分的一個推軌鏡頭。在這一天最魔幻的時刻，所有陰影獲得解放，原本被強炙陽光抹去線條的城市因此增添了景深。以天空閃爍著磷光的粉紅餘暉為背景，街燈甦醒，這些街燈的燈光一開始顯得柔和，但隨著夜幕逐漸低垂，所有白光燦亮到幾近詭異，空蕩蕩的街道像是提供外星飛船降落的臨時跑道。一條條購物商場沒入夜色，霓虹燈起死回生，有些店鋪招牌用的是赫爾維提卡字體（Helvetica），有些在旅館頂端為其增添光彩的霓虹燈招牌用的則是裝飾藝術風格的象形文字。我看到緊鄰韓國城外如地標般的布洛克·威爾許大廈（Bullocks Wilshire tower）的青銅色平台塔尖。我母親有個朋友就是在那棟建築內的珠寶店櫃台工作，她常去拜訪她，有時也會把我拉去。我還記得自己身邊常圍繞著衣物褪去程度不一的白人女性，而我母親則是在一間開放式的試衣間試穿褲子。然後在一九九二年，有群搶匪闖入那棟建築，並因此在石灰地板上留下如同五彩紙片的碎玻璃，導致那間百貨公司永久停業。

曾吳前陣子為了進入加州大學洛杉磯分校的（ＵＣＬＡ）藝術學院就讀而搬到洛杉磯。她幾乎是一搬來就在一個名叫「銀盤」（Silver Platter）的酒吧找到屬於自己的社群，這間酒吧的冰藍色霓虹燈就在西湖（Westlake）這個拉美區的第七大道街角閃爍著。數十年來，當地的拉美跨性別社群都聚在「銀盤」酒吧，這裡會舉辦才藝表演、讓大家和戴著牛仔帽的墨西哥順性別男子一起跳舞，還提供四美金香檳的活動。酒吧本身沒什麼特別的，格子地板也早已磨損嚴重，給客人坐的也就是些塑膠椅。不過到了晚上，當那些女人穿著最頂級的塔夫綢上台唱歌時，整間酒吧會變得完全不同。你可以從她們某些人的臉上看見悲傷的童年，不過她們都會用睫毛膏和巨大的垂墜耳環將其遮掩住。在片中接受採訪的艾瑞卡表示，她在墨西哥的父親會因為她太陰柔而用靴子揍她，不過真正讓她感到疼痛的是被公開毆打的羞恥感。最後她逃家了，她爬上一台暱稱為「野獸」的載貨火車車頂往北前進。這台車之所以會有這個暱稱是因為曾有不知多少偷渡客從車頂跌下而傷殘或者死亡。最後她跨越美墨邊界後來到洛杉磯，找到「銀盤」這個地方，並在這裡找到得以讓自己遠離暴力家庭、邊界警察和各種仇恨的庇護所。

曾吳和艾瑞卡特別親密。雖然艾瑞卡不講英文，曾吳也不會說西班牙文，曾吳卻表示她們很能理解彼此。「我爸沒教過我說中文，可是這樣的缺憾是我得以和他人親近的原因。」曾吳說。她的意思是，她在成長過程中學到「愛」不需要透過語言來傳達，而是透過碰觸、食物或共享的夜生活來感受，就跟天鵝湖的主角奧戴提（Odette）一樣，她和艾瑞卡便是因此可以在彼此面前展現出真正的自我。

因為「銀盤」是如此特別，曾吳很想跟大家分享這個地方。她問酒吧主人自己是否可以每週二晚上來這裡舉辦派對，結果他們不但同意，也歡迎曾吳的其他朋友來到這裡；這些朋友大多是黑色或棕色人種，不過對當地的跨性別女性來說，這些人都是受過良好教育且早已跟美國主流同化的傢伙，因此是「各種膚色的英文仔[14]」。這些舉辦在週二的「狂野」派對每次都能吸引來自洛杉磯各地的酷兒和藝術家。曾吳和她的朋友艾許蘭會主持主打荒謬主義風格的現場變裝皇后表演，像是有女高音一邊唱詠嘆調一邊從某人屁眼中拉出一顆顆珠子。當地的跨性別女性一開始覺得這一切實在太過眼花撩亂，她們不知如何面對這些把「坎普」（camp）概念走得很前衛且不追求舊時代美好的酷炫酷兒，但之後也開始愛上這些「狂野」派對。於是正如曾吳一開始所盼望的，她又建立起一些新的家庭關係。

自從二〇一六年的選舉結束後，我已經忘記玩樂如何可以成為一種反抗形式。跨性別者生活的危殆處境必須展現在眾人面前，但同時也能藉此呈現出她們具有顛覆性的狂歡面貌。在《巡弋烏托邦：酷兒未來性的另類時空》（*Cruising Utopia: The Then and There of Queer Futurity*）中，何塞·埃斯特萬·穆尼奧斯（José Esteban Muñoz）寫道：「我們必須找出更好且全新的享樂方式，也就是讓自己存在這個世間的其他方式。酷兒性是一種驅策我們不停往前的渴望，酷兒性會超越那些將負面處境浪漫化的敘事及現實拖磨。」藝術就是做夢，無論那個夢多短暫，藝術就是要追求一切尚未到來的事物。可是當社交

14　譯注：英國仔（gringo）是拉丁美洲人針對只會講英文之人的蔑稱。

媒體幾乎每次都立刻暴露出這些神祕烏托邦的蹤跡，而且我們分享藝術及詩歌的世界都受到科技大公司的演算法密切掌控時，我們又要如何創造出這些隱密的地下世界？

「狂野」派對變得太擁擠了，許多愚蠢的嬉皮開始入侵這些派對。《洛杉磯週報》（*L.A. Weekly*）針對這間酒吧刊登了一篇有點恐跨又姿態甚高的評論。對於自己成為將此地仕紳化的力量，曾吳非常愧疚，觀眾可以在整部影片中感受到她的罪惡感，這樣的罪惡感也讓她所有原本良善的好意蒙上一層灰。為了保護這間酒吧脆弱的生態系統，曾吳停止舉辦這些派對。最後一個鏡頭是當地的跨性別女性和曾吳一起野餐，藉此證明儘管曾吳的派對幾乎毀掉這間酒吧作為庇護所的功能，她們之間的友誼仍有延續下去。可是一旦感受到創作者的罪惡感，我就開始用放大鏡檢視一切。我承認我之所以變得如此吹毛求疵的最初原因是自私的，因為一個創作者的罪惡感很有感染力，而我想把這樣的罪惡感抹除以確保自己不受影響。艾瑞卡和曾吳的友誼在拍完這部片之後還有持續下去嗎？曾吳為這些拉美裔跨性別社群打造了一間合法的免費診所，她這樣做是真的想為那裡帶來一些改變，還是為了消化自己的罪惡感？由於《狂野》這部片大獲成功，曾吳的事業一飛衝天，甚至還贏得了麥克阿瑟天才獎（MacArthur Genius Grant）。她應該把獎金跟這些女人分享嗎？

在我成長的過程中，黑色及棕色人種的孩子都是漫不經心的種族主義者，就連韓國孩子也是漫不經心的種族主義者。如果有個非白人小孩說我是「小眼睛」，我其實不會很不開心，因為我馬上就知道可以用什麼罵人的話反擊回去。我想不出我們當中有誰是不該受責備的純然受害者。但如果說我們的立足點都一樣，那也並不正確，這也是為什麼我不能將我的爛英文和別人的爛英文當成同一件事來書寫。在我嘗試「逼近地書寫」時，我也必須好好面對我們之間的距離，但這其實是一項很大的挑戰，因為一旦我指出自己在共犯結構中的角色，就永遠不可能有說得夠清楚明白的一天。橫亙在我們之間的距離來自階級。在韓國城，韓國人負責門面的工作，墨西哥人負責幕後的低階工作。我媽曾說我不可以跟某個朋友玩，當我問為什麼時，她說因為她是墨西哥人，而最可怕的是我還把這件事告訴我朋友。我說：「我不能跟你玩，因為你是墨西哥人。」她聽了之後說：「可是我是波多黎各人。」

在《白人群飛》（*White Flights*）這本書中，作者傑斯・羅（Jess Row）表示：「美國最致命也最可能發生的最大失敗，就是人們無法想像生活在一起的意義。」羅指出，戰後白人小說家會抹消故事背景中「令人感到不便的不同面孔」，好讓白人角色可以在不衍生出任何複雜問題的情況下成就「想像中的自我」（imaginative selfhood），他則是在藉由反思這種現象來為自己的觀點提供脈絡。在思考我的亞裔認同時，我不認為我能創造出一個只有我同類存在的封閉想像世界，因為這樣做是在追隨白人小說家的種族隔離想像，而不是打破那樣的想像。

話是這樣說，但在缺乏前例的情況下，我要怎麼寫出我們生活在一起的世界？若是不輕率地訴求某種面面俱到的多元文化願景，也不訴求用來傳遞美德的淨化語言，我真的可以寫出這個世界嗎？我可以真誠地書寫嗎？不只寫我受過多少傷，還寫我是如何傷害了他人？我可以在這麼做的同時不被罪惡感淹沒嗎？畢竟罪惡感追求的是獲得赦免，也因此是一種自私自利的情緒。換句話說，我可以在不追求獲得你們原諒的前提下道歉嗎？我該從何開始？

成長課[1]

AN EDUCATION

我是在一個於緬因州舉辦的高中生藝術營上認識艾琳的。由於那是我第一次離開洛杉磯的家人身邊，我感覺自己終於可以擺脫土里土氣的面貌，成為我一直以來想成為的壞女孩。為此我帶足了裝備：軍靴、龐克樂團Fugazi和人行道樂團（Pavement）的錄音帶，還有我的萬寶路淡菸（Marlboro Lights）。可是才一抵達營隊現場，我就知道自己根本比不上其他人，因為紐約的那些孩子都帶有一種虛無主義式的潮流感，風格就像九〇年代賴瑞．克拉克（Larry Clark）拍的電影《衝擊年代》（*Kids*）。艾琳就是其中最顯眼的一位：身高很高的她是個走哥德風格的台裔女孩，髮型是不對稱的鮑伯頭，身上穿著及踝的睡衣風長洋裝，而且是炭黑色的復古風格，那雙及膝的長軍靴就跟雪靴一樣厚重。她的樣子讓我望而生畏，所以我總是想辦法避開她。

可是她喜歡我的繪畫作品，所以我們慢慢在繪畫課上建立起友誼。我們會把畫架架在彼此隔壁並互相稱讚作品。她會借用我的畫筆，我也會借用她的紙膠帶。可是一旦課程結束，艾琳就會和其他更酷的朋友離開，我則會退縮地回到位於地下室的陰沉宿舍跟我的南方白人室友待在一起——她為了反抗身邊東岸人矯情又做作的一切而在牆上掛了巨幅美國國旗。

某次在一個週六晚上，艾琳問我要不要一起去畫畫。她說助教同意她使用空教室畫畫，但她希望可以有人一起去。雖然我從沒跟別人一起在課堂外相約畫畫，但還是立刻答應了。藝術創作是一件全然私密的事，我為了逃離現實生活總在週末夜晚獨自畫畫。因此，在靠夾燈打亮的空蕩教室中，我在一位朋友身邊把仍未撐展在畫框上的帆布釘到牆上，同時錄音機還傳來新秩序樂團（New Order）的柔和歌聲，這一切感覺實在太親密，更何況我們還不是在寫生，而是在創作腦中的想像畫面。所有本來在私下顯得很自然的事——大概畫出一些草圖，往後退一步凝視自己的作品——現在似乎都成為刻意表演給艾琳看的動作，並因此讓我很不自在。我乾脆戴上一頂貝雷帽再套上畫家罩衫算

1 譯注：作者很喜歡和既存創作作品對話，此篇文章的標題應該是呼應二〇〇九年的電影《名媛教育》（*An Education*），這部電影談的是一名女性和一名年長男性的人生有交集後經歷的成長故事。為了呼應這種成長故事的脈絡，因此將此篇名譯為「成長課」。

了！不過也因為我敏銳地意識到自己正在扮演一個藝術家的角色，我作為藝術家的身分第一次顯得如此真實。

在我們聊天的過程中，艾琳給人的距離感逐漸消散。她其實不是來自紐約市，而是來自長島郊區，在那裡上的也是當地的公立小學，父母則是電腦程式設計師。我很驚訝她的父母跟我的父母一樣都是管教小孩很嚴格的移民，因為艾琳看起來就像從伊恩·柯蒂斯（Ian Curtis）[2]的詩意大腦中跳出來的脫俗生物。但我也不是要說艾琳的行為有多脫俗，比如她曾突然放了一個屁，然後在看見我震驚的表情後笑出來：「為什麼我們在彼此身邊時得夾緊屁股啊？忍屁不健康啊。」大多時候我們都在沉默地畫畫。艾琳受到馬克斯·恩斯特（Max Ernst）的影響，所以畫的都是讓我覺得詭異的鳥人形生物，不過我也模仿她畫了一個自己版本的類人形生物。好幾個小時過去了，我畫得很激情，而不是像平常那樣周延而仔細。宿舍大樓裡的其他人都睡著了，本來在遠方的朦朧談笑聲逐漸止息。一等到放完的錄音帶發出尖細聲響，我們耳中只剩下隨著牛蛙低音鳴叫的蟋蟀歌聲，那歌聲愈來愈響，直到我們所在的教室彷彿脫離整棟宿舍建築而飄浮起來——就像是娃娃屋中只有三面牆的房間——然後飛進一片濃密蔓生的樹林中心。

二〇一三年，艾琳和我參加了藝術家吉姆．肖（Jim Shaw）在雀兒喜區（Chelsea）的開幕活動，這位來自洛杉磯的概念藝術家從慈善商店蒐集了數百幅素人畫作，然後以沙龍風格展示在一些知名度極為火紅的畫廊裡。他依據主題將這些畫作分類：小丑、貓、太空船，還有其他常在素人畫作中出現的俗氣主題。就跟其他來參觀的人一樣，我們從頭到尾都瞠目結舌地看著那些風格如同八卦小報一樣俗艷駭人的肖像畫。這個展覽獲得極正面的評論。其中一個評論者寫道，肖「藉由肯定去中心化的主體性及後現代社會的破碎日常，推翻了以作者生平或簽名為主要風格的概念」。

然後我們看到一幅有著熟悉超現實主義風格的畫作，那幅畫用壓克力厚塗法創造出一個像是鳥的人形——那就是艾琳在我們多年前參加藝術營時沒畫完的作品。在這個關滿媚俗生物的獸欄中，艾琳的畫顯得天真稚嫩，一點也不像是審慎思量過的作品，其中傳達出的詭異氛圍只不過是未受過折磨的心靈造就的意外結果，而非為了傳達出預期效果而發展出的風格。艾琳的媽媽一定是把她高中時期的作品都送去慈善商店，才會讓肖

2 譯注：伊恩．柯蒂斯（1956-1980），英國樂團歡樂分隊（Joy Division）的主唱。

在長島的慈善商店中找到這幅畫。由於他的發現，這幅如同流落孤兒的畫作成為具有蒐藏價值的作品。

艾琳覺得這幅畫讓她很難為情。她說自己當時還不成熟，這幅畫也就是無足輕重的垃圾作品。我想到那些有名的藝術家，他們那些爛到不行的少作現在都價值好幾百萬美金，就連其中的每筆塗鴉都是值得典藏的神聖藝術品，因為得以供人解鎖那位藝術家早期風格的樣貌。我鼓勵艾琳去跟吉姆．肖說這是她的作品，可是她覺得這樣不好。在二〇一三年的那段期間，艾琳在歐洲開了一個畫展，可是還沒在紐約市展出過自己的作品。我在艾琳耳邊念個不停，她終於叫我閉嘴。她說：「這不是我計畫在雀兒喜出道的方式。」

在二十歲出頭的時候，我認識了一個名叫喬的人。他是個藝術家，但也同時在一個名叫「起士漢堡」的樂團中演唱。他的身形又矮又胖，就像繪本作家莫里斯．桑達克（Maurice Sendak）筆下的角色，不過只要一上台就會像搖滾歌手羅伯．普蘭特（Robert

Plant）一樣不停抽動身體及低吼，身上穿的牛仔褲也總是鬆垮到足以露出一掌寬的股溝。他是個適合活在聚光燈下的人。二〇〇八年，我看了他在「加拿大」藝廊的個展，那是在紐約下東區（Lower East Side）的一間藝廊，從那裡花上十五美金就可以搭乘從中國城發車的公車，然後一路噗噗噗地前往波士頓。我走進那個冷颼颼的藝廊空間時以為展覽還沒布設完成，因為牆面就真的都是空的，只有幾張還沒上底漆的髒兮兮畫布。其中一張畫布上隱約亂塗了一張開心的臉，另一張畫布上則有個代表超人（Superman）且看起來孩子氣的「S」。就連他的樂團成員都受不了他這場展覽：「喬根本是拖到最後一秒才在處理。」

他的個展在很短的時間內爆紅起來。喬後來被譽為這世代的其中一個「壞男孩前衛主義者，他有的是男子氣概，他的作品反叛既有的美學傳統或社會常規，又或者同時反叛了兩者」。他的畫作被描述為「原始主義」（primitivist），但仍莫名捕捉到了「我們這個數位時代的無時間性（atemporality）」。評論家讚嘆於他竟然可以做得這麼少，最後卻仍能「僥倖成功」。沒多久之前，我問艾琳的伴侶——他是畫家及裝置藝術家——那大做了什麼，他說：「我搬了一個喬．布萊德利。」「你何時開始把藝術品稱為喬．

布萊德利啊？」我問。他說：「自從我把一個喬・布萊德利搬進伊凡卡・川普的閣樓公寓之後。」

前衛主義的譜系可以追溯到許多「僥倖成功」的壞男孩白人藝術家，最遠可以追溯到在小便斗上簽名並將其稱為藝術的杜象（Duchamp）。重點在於對抗既有標準，並做出史無前例的作品，而作品的最終目標是要將藝術從自身當中解放出來。藝術家先是將藝術品從追求精準熟習的各種規則中解放出來，然後從其追求的內容解放出來，然後再從馬丁・海德格（Martin Heidegger）稱其擁有的那份「物性」（thingliness）中解放出來，直到藝術品在一層層的解放後成為生活本身。然而在拿掉藝術作品之後，我們擁有的只剩藝術家的行為。問題在於，儘管歷史早已將藝術家的越軌行為認可為「藝術」，這個現象仍必須要是能夠獲取權力的藝術家才可能成立。女性藝術家就很少「僥倖成功」，黑人藝術家也很少「僥倖成功」。就像那個肇事逃逸的有錢寄宿學校學生，他之所以可以僥倖脫身不代表他目無法紀，而在於他早已超越法紀。[3] 壞男孩藝術家是因為自己的身分所以可以為所欲為。事實上，這種越軌式的壞男孩藝術是最規避風險的行為，而這一切冷飯熱炒的特技表演只有一種觀眾：銀行收藏家。

所有的藝術運動都是建立在白人壞男孩的兄弟情誼上。人們還為他們的功績進行詳盡的分類：有「熱愛合作的前衛嗆辣」男孩，還有在酒吧「飲酒作樂長達十年」的男孩，這些人現在也都成為備受推崇的指標性人物。從他們很年輕的時候開始，這些男孩就已經在推測自己可以為後代留下什麼遺產，評論家也著急地在他們的創作成熟前收購他們的作品，但女性獲得的總是遲來的認可。女性藝術家總是死後才受到後人回顧，那情況就像是考古學家必須挖開墓室後宣布：他們又發現一個過去沒有受到重視的天才。

在我讀到有關藝術家凱利、肖和麥卡錫[4]的友誼故事、抽象表現主義畫家德庫寧和

3 譯注：這裡暗指二〇一三年時年十六歲的伊森·庫奇（Ethan Couch）與友人喝酒飆車，最後不幸撞死四名路人的事件。庫奇家境富裕又深受父母溺愛，在案件審理過程中，庫奇家的律師找來心理專家出庭作證，辯稱庫奇患有「富流感」（affluenza，由富裕〔affluence〕與流感〔influenza〕拼成的單字），由於庫奇父母的教養方式使他從小就認為有錢能使鬼推磨，根本無法正確判斷是非對錯。法官最終採信此說，並輕判十年緩刑。

4 譯注：美國洛杉磯在一九八〇年代以後較為活躍的藝術家麥克·凱利（Mike Kelley）、吉姆·肖（Jim Shaw）和保羅·麥卡錫（Paul McCarthy）。

波拉克[5]之間的故事、詩人魏爾倫和韓波[6]的故事，又或是作家布勒東和艾呂雅[7]的故事時，我迫切地渴望讀到有關女性在成長為藝術家和作家時的友誼故事，尤其是有色人種女性。最近的數十年間，許多女性主義作家和藝術家都集結成同一陣線，可是我們仍很少讀到建立在美學原則之上的女性友誼故事，這讓我愈是挖掘文學與藝術史的紀錄就愈感到孤單。可是，我在現實生活中並不孤單。我意識到我已透過和艾琳及海倫的友情感受到了那種情感連結。

艾琳和我後來都進入歐柏林學院就讀，可是我們直到第二年才變得親近，因為在新生見面會時，我很失望地發現艾琳是和她那位來自長島的刺青藝術師男友一起出現。我第一次在校園裡看到她時，艾琳甚至走的是更為巴洛克風格的歌德路線，而且下巴和鼻子都穿了新環，手臂上更是一大串看起來有很多尖刺圖樣的刺青。她的男友也一樣有很多穿環和刺青，同時整個人「白」到做了白色的編辮髮型。

這個男友幾乎每天都待在他們那跟衣櫃差不多大小的宿舍房間內。我覺得艾琳就是因為他而開始變得不愛社交，她不會跟我們其他人一起在飯廳吃飯，而是常跟他一起在小小的宿舍廚房裡用微波爐加熱素食咖哩。只要沒有在創作或讀書，她就整天蓋著那條黑色天鵝絨毯睡覺，那條看起來舒適的毯子同時也很像一條防塵罩。現在回想，當時的艾琳說話輕柔又總是昏昏沉沉，但我現在認識的艾琳說話大聲又有主見，實在很難想像她們會是同一個人。

我認為她這種消極的狀態跟她男友有關。我懷疑他是在控制她，甚至可能有精神方面的問題，但或許我對她的占有欲也確實有點強。艾琳很容易讓朋友出現這種感受，那是一種又是忌妒又想將她占為己有的感受，海倫後來更尤其是這種狀況。可是艾琳的男友儘管有點渾蛋，卻不是她變得如此嗜睡又消極的原因。事實上，在她深陷悲痛情緒當中時，她男友是唯一陪在她身邊的人。

---

5 譯注：美國一九四〇年代以後興起的抽秀表現主義畫家威廉・德庫寧（Willem de Kooning）和傑克遜・波洛克（Jackson Pollock）。

6 譯注：法國十九世紀詩人保羅・魏爾倫（Paul Verlaine）和亞杜・韓波（Arthur Rimbaud）。

7 譯注：法國出生於十九世紀末的詩人安德烈・布勒東（André Breton）和保爾・艾呂雅（Paul Éluard）。

海倫說她第一次注意到我是在大二的時候，那是在一門名為「化學與犯罪」的輕鬆課堂上，因為授課教授不停用O．J．辛普森（O. J. Simpson）的庭審內容來混時間。「你就是每天早上翹課去吸古柯鹼的那種女孩。」她如此觀察道。因為課程的內容太無聊，我確實有偶爾跑去廁所隔間內坐五分鐘的習慣，而她對此做出的猜測很有意思。我說我不知道她有上這堂課，但其實我知道。我記得她的長頭髮染成黃黃的顏色，還披著一條卡其色的Burberry圍巾，那對所有的韓國國際學生來說是用來顯示地位的必要配件。她的外表令人迷惑，就像是個準備上音樂學校的名校預備生努力想打扮得有藝術氣息。

我想不起來海倫是如何進入我和艾琳的生活中，只記得我們一遇見她就感覺像是認識了一輩子。在歐柏林就讀的那幾年，海倫開始變得愈來愈像艾琳，包括黑色的長袍式衣物、厚重的大鞋子，還有粗到不行的黑框眼鏡——是一直到大四那一年，海倫才找到屬於自己陽剛又迷人的打扮風格。因為她父親的工作需要移地到海外，她在來到歐柏林音樂學院接受古典小提琴家的訓練之前已待過六個國家，然後在表演壓力將她的熱情燃燒殆盡後再轉去讀宗教與藝術學院。她不管對什麼學科都是先熱烈地全心投入，然後再徹底拋棄，就連對待朋友和愛人時也一樣，另外也包括她待過的國家。海倫可以講五種語言，而且能敏銳地辨識出各種口音。她的家人是在倫敦住過後搬去巴爾的摩，之後海倫只花了不到一週就讓自己的英文變成美國口音。

不管什麼最後都會被她拋棄，只有神和藝術除外，另外擺脫不掉的還有她的身體，不過她也曾嘗試將自己的身體餓到什麼都不剩。她停止服用治療憂鬱症的鋰鹽，因為吃這個藥會讓她體重增加。某年的復活節那週，在一個寒冷、明亮又光線燦爛的日子，她開著父親的粉藍色林肯車環繞校園，邊開邊對著她愛的朋友拋撒粉紅色的棉花糖糖果，但如果遇到討厭的人就丟鋰鹽藥片。

我父母給我的最好禮物，就是讓我有辦法選擇我想要的教育和職涯規畫，而我無法為我在韓國城認識的那些孩子代言——他們總覺得有責任幫父母擺脫債務，導致必須一週七天都做著累垮人的工作。至於比較富裕的韓國父母則沒有這些用來高壓管理孩子事業及婚姻的藉口，因此選擇毀掉孩子的生活，只因為他們想讓大家知道自己有權這麼做。但我很幸運，因為我父親自己以前也想成為詩人，只是從沒讓人知道。我也是在歐柏林學院修了第一堂詩歌課後才得知。

我父親的生意做得很好，所以等到我成為青少女時，我們已經住在白人郊區一棟附游泳池的房子裡了。我可以透過房間的窗戶看見麻雀撲飛下來、啜飲一小口加氯消毒的水，然後再迅速飛回天空。這次的搬家並沒有抹消我們家族內的不幸氛圍，可是能跟其他人的不幸隔絕開來仍讓我們大大鬆了一口氣。如果要拆解讓我在青春期如此不快樂的源頭，我得書寫我的母親，但我在寫這本書時一直對此感到掙扎：關於書寫自己這件事，我要深入到什麼程度才可以不用提到我母親？亞裔美國敘事一定**總是**要回到母親身上嗎？我遇到詩人阮華（Hoa Nguyen）時，她問我的第一個問題就是：「跟我談談你的母親吧？」

「好喔，」我說，「還真是開啟話題的好選擇呢。」

「你有個亞洲母親，」她說，「她一定很有意思。」

但我得暫時推遲這個主題，至少目前是如此。我寧願先寫我和其他亞洲女性的友誼。她終究會從這些文章背後破牆而出，成為主宰一切的存在，但現在我有些宿怨得先解決——我跟這個國家的舊帳，以及我們如何被寫成既定角色的問題。目前我只能先說的是，我母親當時就已經出了問題，但我不知道一切的源頭為何。當疾病沒有獲得命名時，孩子就會成為必須負責的對象，所以我以前光是坐在我母親身旁的副駕駛座，看著她毫無預警地把車頭瞬間轉往對向車道，一邊威脅著要把我們兩個都殺死一邊差點撞上另一台車時，我都覺得是我的錯。

我的心靈在當時處於幽閉狀態。我躲我媽，也躲高中裡那些可怕的有錢人孩子。我選擇躲進藝術，所以如果不是待在學校的藝術創作教室，就是正在校車上全心想辦法假裝自己不在現場，因為那台車內就塞滿殘酷的霸凌者，而且他們每天都要提醒我和我朋友醜得像狗。無論我們家的收入如何，我的家人總是無法咳出深埋在我們胸口那代表著羞恥的荊棘。那樣的暴力到哪裡都跟著我們。我以為我可以在搬去俄亥俄州後擺脫這一切，但同樣的暴力卻仍如影隨形。

艾琳、海倫和我以前會去J・R・瓦倫汀（J. R. Valentine's），那是一間獨棟小餐館，週二時總會有特別推薦的炸物拼盤。那間餐館的屋頂顏色是阿爾卑斯山綠，停車場上累積的褐色髒雪堆比車子還多。這間餐館距離校園有好幾英里遠，所以會來這裡的大學生自然只有我們幾個。我們會在這裡待上好幾個小時，過程中不停請服務生續加難喝的咖啡，或是從菜單上點一些看起來很怪的餐點。我真希望能有個速記員到哪裡都跟著我，這樣我就能擁有這些日常時刻的完整詳盡紀錄，畢竟比起失貞或心碎，這些堆積起來的日常細節更具有改變人生的力道。佛洛伊德在他跟約瑟夫・布羅伊爾（Josef Breuer）的通信中表示：「創造力在熱烈的男性對談之間最能夠有力地展現出來。」我們的友誼基礎就是那些熱烈對談，其中的內容後來都內化入我們的藝術和詩歌創作中。當我獨自創作時，創作是一種幻想，但如果跟艾琳和海倫一起創作，藝術就成為一種使命。

海倫會讓你覺得這個世界要是少了你的藝術就有可能毀滅。可是在她極為慷慨地稱讚你的同時，那些話也不只是奉承，而是在向你學習並直到超越你為止。海倫對詩歌很有興趣，所以我把自己如同電話簿般厚重的二十世紀詩歌選集借給她，本來以為她翻一翻就會覺得無聊，但後來在她房間看到那本書時，我卻惱怒地發現她幾乎每隔幾頁就用折角或畫線標記出重點。還有一次，我把她帶去健身房教她使用跑步機，然後在我輕緩慢跑兩英里後，海倫卻已經把跑步機的速度調得飛快，整個人像逃命一樣在跑。「別那麼拚命！你到時候會肌肉痠痛！」我跑完後對她說，可是全身是汗的海倫卻又氣喘吁吁地跑了十英里。

她從來不睡覺。那其他人在睡覺時她都在做什麼呢？由於無法在自己的床上睡著，她總是跑去跟朋友擠著睡。有一天晚上，有個朋友半夜醒來時差點嚇瘋，因為海倫正坐在她漆黑房間中的椅子上抽涼菸。

海倫開心時會表現得很像小孩，但同時又充滿母性。她會在早上跳上我的床用孩子氣的聲音說：「我們去吃早餐吧。」又有時她會聞聞我的毯子，把毯子抽走，捲起來後丟進洗衣機。那種時候仍然昏沉的我總會乖乖跟她一起去吃早餐。後來我注意到她更常對艾琳這麼做。她會把艾琳叫醒，然後強硬地要求她和自己一起出去走走、一起去好好體驗這一天。

人二時的艾琳已經是藝術系的明星學生，因為她的雕塑和裝置作品總是最具想像力和原創性，而才剛開始接觸藝術的海倫一開始總是在模仿艾琳。只要艾琳在裝置作品中用了泥土，她就也用泥土，只要艾琳製作藝術裝置書，她就也做藝術裝置書——可是艾琳從不介意，反而覺得很榮幸。

到了最後，她們倆同時成為藝術系中強悍堅定的兩股力量。在藝術評論課上，她們總是風馳電掣地剖析同學的雕塑作品，並用駭人的敏銳觀察力將那些醜作品攻擊地體無完膚，就連有名的客座藝術家也不能倖免。其中一位客座攝影師拿出他以充滿愛意的視角拍攝的孕妻裸照，艾琳和海倫卻毫不留情地抨擊他將女性主體物化為生物本能決定論的客體。教授都很喜愛她們，同學們則對她們又怕又恨。大家開始以消極攻擊的心態把艾琳和海倫搞混，甚至不在意這樣做帶有種族歧視爭議之嫌。他們開始給她們取綽號：那對雙胞胎。

我曾帶過一個有三位波斯裔女學生報名的詩歌工作坊。我在第一天點名時叫了其中一個人的名字，當時她用既難為情又挑釁的口氣說：「對啦，嗨，我就是**另一個**波斯學生。」課堂中有一半都是白人，但這些白人孩子並沒有因為白人的人數眾多而有絲毫不自在，可是我了解那個波斯同學的感受。每一次，只要現場有太多跟我一樣的亞洲人，我就會立刻意識這件事，因為這代表那間餐廳不再時髦、那間學校也不再是一間全方位的學校。只要亞洲人太多，這個空間的**有害元素就會超越應有的限度**，而且只要三個人就可以是所謂的「太多」。跟艾琳和海倫待在一起時，我可以感覺我的自我開始模糊地和**她們**重疊在一起，可是艾琳和海倫並不在意。她們總是打扮得非常有存在感，腳下也常踩著厚重巨大的鞋子。她們想讓自己氣勢驚人。

艾琳和海倫是這個藝術系的入侵者。之前主導這裡的都是參加死亡金屬樂團的白人男孩，他們會為了在校園外辦派對自己絹印海報，並為了參與各種音樂現場而搬到芝加哥。藝術是一種姿態，是一種不用發揮全力的生活風格。相較之下，艾琳和海倫對自己的野心毫無歉意。投身藝術本來就有其風險。

艾琳後來受到像是羅伯特·史密森（Robert Smithson）這樣的大地藝術家影響，不過仍保有自己靜謐的極簡主義風格。她製作地景藝術品，比如做出一個個完美的迷你土塊，用解剖固定針標記每個土塊，然後將土塊在畫廊地板上排成各種圖樣。又有一次，艾琳將一把椅子拖進植物園，坐在椅子上，然後花了整個晚上用鞋子在土裡挖洞。當時我拿她這個作品來開玩笑（這是什麼意思？一個**洞**？），可是事後回想，我可以想像早晨沿著草澤邊緣行走時，在一片白霧中看見一排金黃色榆樹圍繞著一張被人丟在那裡的孤單椅子，前方還有一個幾乎難以察覺的凹陷，而這個畫面看起來會有多美。

我在藝術營遇見艾琳的那年夏天，以及後來在歐柏林學院再次遇見她中間的那段時間，她經歷了一段直至今都不願告訴別人的家庭悲劇。一直到這本書的最後一個版本之前，我都還有把這段過去寫進書裡，不過後來我們在下東區一起吃晚餐時，艾琳擋下了這件事。我當時正在跟她說我做了一個夢，夢中海倫再次回到我的生命中。我看到海倫時真的很開心，然後突然意識到我必須跟她說，我有在書裡寫到她。

「對了，你沒寫我家裡的事吧？」艾琳問。

「我有提到發生了什麼事，」我說，「就一句話，沒多說。」

「不行。我們討論過了。」

「你說我可以提到那件事，但不能說細節啊！」

「你解讀得太樂觀了。」

「你大學時期的藝術作品的核心就是那個事件。既然要寫你的作品，我不認為我能完全不談這件事。」

「讓我跟你說件事。我今年夏天去了上海，在那裡發現一大堆需要遵守的規則。每次我要求獲准使用一個地點或設備時，負責人總會說不行，他們甚至也不知道規則是什麼，但總之不想惹上麻煩，所以選擇乾脆什麼都說不行。我真不知道這樣大家要怎麼做事，直到有位藝術家告訴我，中國只有原諒的文化，沒有同意的文化。你就是得先打破規則，然後再請求原諒。」

「你是說我可以寫出來，然後之後再請你原諒我嗎？」

「不，我要說的是，我們不是在中國。你不能這樣做了還要求我原諒你。我不會原諒你的。我們的友情會到此為止。」

「好吧。我會刪掉。」

「謝謝你。」

「只是——」

「怎樣？」

「我會刪掉——我發誓我接下來說的話不是為了留下那句話——可是我覺得亞洲人實在太小心翼翼保護自己的創傷了，你懂嗎？這就是為什麼大家都不知道我們經歷過什麼不公義的事。他們以為我們只是一堆——機器人。」

「我需要隱私並不是什麼亞洲人會做的事——那是藝術家會做的事。」

「那怎麼是藝術家會做的事？」

「所有藝術家都不會公開自己的生活。他們這麼做是為了保護他們的事業。」

「這樣說**太**簡化了吧。」

「那你針對亞洲人的說法就不簡化嗎？我說的是真實狀況，尤其是有色人種的女性藝術家。如果你什麼都讓人家知道，他們會用你的人生來搞垮你的藝術——我不想讓我的人生故事劫持我的藝術創作。或許在那個時候，我遭受到的悲劇是我很重要的一部分，但我很努力把我的作品和我的身分認同及那場悲劇分開，我絕不會讓我的努力白費。」

「你知道我沒用你的真名吧。」

「有沒有用都沒差。」艾琳說。

「我猜我跟海倫不再是朋友算是好事吧。」

「那倒是值得好好想想。如果你們還是朋友呢？她會怎麼想？寫作時應有的謹慎態度呢？為什麼有必要拿別人的人生來寫？」

「艾琳，你還沒讀過我的文章，我真的很謹慎。而且要我不寫別人的人生實在不切實際。我又不是個沒有朋友的孤兒。我的人生跟其他人的人生重疊，所以我無從選擇，只能把別人的人生寫進來，這就是為什麼作家總是小心翼翼，但同時——如果他們總是忠於事實的話——也會顯得有點殘忍。」

「正如我所說，你要是寫了，我們的友誼就到此為止。」

「我會刪掉！」

大一那年，我覺得以我的程度已經不用再上實體創作課的初階班，所以想盡辦法去修了一堂中階繪畫課。那堂課的老師是一位像貓頭鷹一樣嬌小的希臘裔教授雅典娜・塔查（Athena Tacha），為了說服她，我給她看了我高中作品的幻燈投影片。我對我的作品集很自豪，那些作品都是我在高中先修實體藝術創作課中的成果。她舉起我的幻燈片就著光線看，我跟她說我那堂課拿了滿分五分，她把幻燈片重新放下。

「技術上來說，你的程度很高，可是你的美學還有很長的路要走。」雅典娜用她尖細的希臘口音這麼說，然後剝下一張課程登記的號碼貼紙，可是她沒把貼紙交給我，而是緊緊黏在那張我受到高更啟發而畫的粉蠟筆自畫像幻燈片上。

在評論課上，我那些全是大三和大四的同學會把畫作貼在牆上，那些作品都只是一些畫得很差的圖案，而且往往沾滿指紋，因為他們甚至懶得用定色劑。其中一個大四生總在畫她的比特犬，有時還會直接把狗帶來上課。雖然我很害羞，而且在評論課上總是不講話，卻總是在心裡對他們大肆指點。我覺得他們的畫作都顯得極為疏懶、缺乏技術，但不知道為什麼我的畫作始終無法受到肯定，而且再怎麼努力也比不過這些缺乏技巧又在美學上醜惡無比的作品，自己又總是不知不覺創造出一些女性化作品。有一次，雅典娜要我們畫一個身體內的器官，於是我畫了一個筆觸柔美的卵巢，但意識到畫得太漂亮了，所以決定把一堆卵影印後貼在那個卵巢上。進行評論時，所有人都沒說話。雅典娜看著我的畫作說：「顏色很漂亮，可是為什麼前面要擋著**這些蛋**？有點傻氣啊，不是嗎？」有個將原本的金髮染成一分硬幣古舊暗銅色的大三生在此刻笑出豬叫聲。

於是生平第一次，我遭遇到藝術創作主觀表現手法的關鍵轉變時刻。我日後最喜歡的電影之一是《拼字比賽》（*Spellbound*），那部在二〇〇二年拍攝的紀錄片主題是全國拼字比賽，其中許多參賽者都是移民或勞工階級家庭的孩子，他們因著毅力及努力而成為決賽選手。那部片實在太深刻、太令人充滿希望了！當一個南亞裔男孩拼不出「大吉嶺」（Darjeeling）這個字的時候，我笑到眼眶含淚。這實在是太諷刺了！如果要說有任何一部紀錄片可以讓大家看到美國的菁英教育制度，那就是這部片了。我相信一個人的才能，但也老派地相信一個人付出的血汗努力可以是藝術作品成功的重要關鍵，然而我不知道的是，無論我多努力都不可能把藝術作品做好，因為你必須讓別人來決定你好不好，而他們決定的關鍵跟你的作品本身沒什麼關係，而是呈現手法、時機、運氣以及我表現自己藝術家樣貌的方式等所有力量造就的結果。到了最後，我開始學著讓自己看起來冷淡並對一切感到無聊。我任由我的燈芯絨衣物變得愈來愈髒，也不再洗頭。我開始不拿出真正的技術作畫，而是麻木地解放我的筆觸，任由筆下線條在廉價的新聞用紙上漫遊，最後雅典娜終於認可了我的作品。

在一個過度崇拜醜陋的校園裡，海倫把「美」當成最高等的讚美。她堅定地和康德及濟慈站在同一陣線：美不是一種面具，也不是用來服侍更高等哲學真相的女僕。美是不證自明的絕對存在，是世間最高的價值，因為美得以懸置思想、凍結時間，而這正是她瘋狂渴求的目標：將她所存在的時間暫時停住。

海倫受到安．漢密爾頓（Ann Hamilton）的執念所啟發，她是一位風靡九〇年代的藝術家。漢密爾頓曾把數千個銅製名牌釘在地上，也曾把屠宰場捐獻的一束束馬毛編織進八千平方英尺的地毯裡，並因此讓畫廊地板看起來像是一片野生動物之海。學者兼詩人蘇珊．史都華（Susan Stewart）如此談論漢密爾頓的裝置：「間接指涉出童話故事中那些不可能達成的任務。」而其中不管做什麼都缺乏節制的手法已到了幾近下流的地步。當然，漢密爾頓有一大群幫手，但海倫只有她自己。

在製作大二雕塑課的期末作品時，海倫將一些銅管焊接起來，然後把一碼又一碼最纖細的白線編纏在這些銅管之間。她為此連續編織了好幾個日夜，過程中完全沒有睡覺。

她的雕塑永遠是白色的、發亮的、純潔的，她的作品可以根據你所站的位置及距離不停重新調度你理解美的方式。在評論課上，所有人都熱愛她完成的這座裝置作品。那座雕塑看起來就像一排排醫院輪床，可是只要湊近看會發現白色細線編織出的細節非常精細，就像許多小蜘蛛編織出所有的細小網線。她在完成後真的累壞了。趕快睡一下吧——我們都催促她去休息，海倫也說她會休息，然後她回到宿舍，吞下一整瓶安眠藥。

等海倫從醫院回來之後，我們的關係變得更為緊密，因為我們發誓要讓她活下去，可是這個重擔主要落在艾琳身上。她變成海倫的密友、夥伴及姊妹，可是對於海倫的未來，艾琳卻又是最抱持著悲觀宿命論的人。在第一次的事件發生之後，海倫又揚言自殺好多次，艾琳和我只好把她當成一個疾病末期的患者來對待。有一次我告訴艾琳，海倫又必須回到醫院，艾琳聽完沉默了一陣子，然後說：「反正她都是要死的。」

這樣的惘惘威脅讓海倫和我之間產生了疙瘩。我很怕自己讓她不開心，也常擔心自己說錯話。我的存在感逐漸萎縮，直到最終成為一位蒼白配角，就像電影《謀殺綠腳趾》（*Big Lebowski*）中那個總是雙眼水汪汪的史帝夫・布歐密（Steve Buscemi）。相較之下，海倫的存在感則在她反覆無常的情緒中不停放大。她常突然發火，而且是平常不會在大學看見的那種狂暴怒氣。醫生不停改變她的診斷結果：雙極情緒障礙、邊緣型人格障礙。無論是什麼病，我都很氣學校讓她回來就讀，因為這代表必須要由艾琳和我來照顧她。我很自私，也很懦弱，因此每當海倫變得一如往常地疑神疑鬼，並指控我想拋棄我們的友情時，我都想要大吼：你說的沒錯！你這天殺的瘋子！我要你滾出我的生活！可是最後我也只是喃喃地說著我有多愛她，還說能和她建立這段友誼實在是太幸運了。

而我也確實愛她。我們剛認識時的某次深夜閒聊主題就是我們的母親。海倫的母親在她年幼時不停出入精神療養院，所以海倫不只是從一個國家被轉移到另一個國家，還得不停換親戚家住。海倫很可能有雙極情緒障礙，但這個病名無法完全說明她所經歷的苦難。在我看來，她的喜怒無常就跟我和家人常感受到的狀態一樣——只要我能剝開自己的皮膚、釋放出體內的怒火。如果說艾琳幫助我發揮出潛在的才智（以及我小心眼的忌妒心），海倫則是讓我看見自己內心最赤裸的樣貌。可是我並不信任我對她的記憶。

由於無法回想起那段時期每日的瑣碎小事，我有把她惡徒化或浪漫化的傾向。我總是會把她變成一個概念。我還記得她有一張照片，其中五歲的她坐在一張凳子上，身邊有四隻真人大小的粉紅色電動頑皮豹在跳舞。照片中的她看起來已經快掉到凳子下，就彷彿那些頑皮豹是在她剛坐好時突然動起來，導致她又害怕又憤怒。這張照片完全捕捉到她的狀態：我在這裡做什麼？這個人生是怎麼回事？讓我離開。

海倫出現嘗試自殺的舉動之後，她的室友開始跟她保持距離，但這實在是個壞主意，因為只要海倫感覺某人想遠離她，那個人就會成為她不共戴天的死敵。有天傍晚，止在樓下等她的艾琳和我聽見她們在吵架，她的室友在離開房間時喃喃說了句：「去你的，海倫。」然後我們聽見海倫在樓上狂吼：「不，去你的！」那音量足以震動整棟建築。然後海倫衝出房間把室友從最後三階樓梯上推下去，我的心臟在那瞬間跳到喉頭。我很清楚這樣的怒氣。我是怎麼連跑到俄亥俄州來都能讓自己遭遇到同樣的怒氣？

就在她吞藥後的那年夏天，我和海倫在首爾見面，並約在一個地鐵站外碰頭。海倫比她身邊的韓國女人整整高了十多公分，而且模樣就跟她在歐柏林學院時一樣，這也代表她在首爾看起來格格不入。她的頭髮剪得像個小男孩，臉上戴著黑框眼鏡，身上穿的是會露出內衣肩帶的背心上衣。當時韓國的潛規則是女性不能在公共場所抽菸，可是她當時就在抽菸。我擁抱她，然後嘗試把她的內衣肩帶塞到衣服裡面。我因為她的模樣而感到丟臉，也對這樣的自己感到丟臉。由於親戚的嘮叨，我努力讓自己看起來女性化。「瞧瞧你啊，韓國小姐。」海倫還對我吹了一聲口哨。

我們轉彎進入一條有許多練歌房、鎖匠鋪和販賣炸魷魚小攤的巷弄，然後躲進一間地下室咖啡店。我們點了茶和蛋糕，不過我只吃了那塊像海綿一樣淡而無味的蛋糕，海倫什麼都沒吃。她拿下眼鏡，我在她眼睛下方看見熟悉的黑眼圈。海倫在大二結束後的夏天回到首爾的父母老家休養，我也剛好也在這時回到首爾探望家人。

她告訴我，她的家人幫她在首爾找了心理師，對方年紀跟她父親一樣大。他們為她選好了這個人，她說，只因為他走的是西式心理分析路線。她一週去見他三次，但他就像卡通裡的佛洛伊德式分析師一樣什麼話都不說，總之從頭到尾都只有她在說話，他不回應也不提問，只是用筆在夾紙上的紙面塗塗寫寫。就這樣過了好幾週後，海倫要求他一定得說些什麼。讓她驚訝的是，那名心理師還真的開口了，並對她整整說教了四十分鐘，就像是把過去會面時想說的話全部倒出來。根據這位心理師所說，海倫就是個不知悔改的自戀者，而這主要是她父母的錯，因為她是獨生女，一家人又總在不同國家生活，所以他們沒有好好管教她，也沒有設定應有的界線。結果就是海倫被寵成一個自私的人，她的自殺嘗試不過是為了獲取注意力並讓她母親極度痛苦的可悲把戲。

「我的老天，」我說，「難怪這裡的所有人都想自殺。」

海倫聳聳肩。她看起來很脆弱，那模樣讓我聯想到一隻受傷的母獅子。我最愛海倫脆弱的模樣了，因為此時的她很溫馴，我也才有機會為她堅強起來。離開咖啡店後，我們走去她父母的公寓，那是一間整潔又風格現代的兩房公寓，牆面的書架上擺滿書，她母親正在家中用收音機聆聽布道。我在遇見她之前不知道該準備好面對什麼樣的場面，但很驚訝地發現她看起來很年輕，脖子修長，那張漂亮、優雅的臉龐周遭是燙得捲捲的頭髮。她最突出的特色就是粗黑眉毛，那兩道眉毛深深嵌在額頭上那片永遠不會消失的憂慮皺紋中。海倫進房間時，她把我拉到一旁致謝。

「謝什麼？」

「謝謝你跟海倫當朋友。」她母親說。

「喔，」我虛弱地說，「我很幸運能成為她的朋友。」

「我知道這不容易，」她說，「都是我的錯。她甚至在學會騎腳踏車之前就得照顧我了。」

此時海倫從房間走出來，她的手中拿著一本要給我看的書。我不記得那是什麼書了。等覺得時機適當後，我找了個藉口表示必須離開，但其實我根本沒打算去哪裡。

大三那年，艾琳和我以一百五十元的月租住在一間屋頂是木瓦、牆面是鋁板，而且到處都在下陷的小屋。我們客廳那片鋪了地墊毯的地板往下凹陷、廚房那片鋪了亞麻油布地氈的地板往下凹陷，就連我的日式床墊也往下凹陷，所以每天早上我醒來時都像是包在一片床墊捲餅裡。我們跟保羅住在一起，他是個講話輕柔且非常有才華的非裔美籍藝術主修生，不抽菸也不喝酒，唯一的惡習就是一天到晚都得動手做些什麼。每當坐下談起自己這天過得如何時，他就非得同時用浮木拼接成一個雜誌架，或者用黃麻纖維編織一張網子不可。客廳因此成為他的工作室，到處都是木材、紙板、波浪鋼板，而且還滿地散落著鋸木屑。艾琳和我的房間在樓上隔著走廊相對。她可以把一個舒適的小隔間搬空，然後搞得像一間大約是一九九〇年位於東柏林的占住空屋。那裡就像是修道院的房間，裡頭吊著一顆光禿禿的燈泡，地上鋪著一張包上黑色床單的日式床墊，暖爐旁的地板上則是一堆堆書。我們住的地方到處蔓延著巨大螞蟻，艾琳會用哲學家史碧華克（Gayatri Chakravorty Spivak）那本《在教學機器的外部》（*Outside In the Teaching Machine*）來拍死從房間木板節孔中爬出的螞蟻。**碰！碰！碰！**我整天都能聽見她時不時發出的拍打聲。

前一個學期，我在倫敦進行一個歐柏林學院的海外研習計畫。那個學期正是我所渴望的學院經歷，不但過程有趣也不用忍受任何戲劇化場面。我們的行程很輕鬆：我們會去看皇家莎士比亞劇團（Royal Shakespeare Company）的演出，然後回到課堂上進行討論，其他時間則可以自由在倫敦閒晃。我以觀察英國人的平日習慣為樂，所以我會在酒吧裡喝濃生啤酒，或是去逛泰晤士河旁的露天書市，還在書市買了一本紙頁是奶油色的契訶夫短篇小說集，又或者，我會在哥倫比亞路上充滿飛燕草、鬱金香和菊花的花市中散步。一切事物都散發著濃厚的文化氣息，就連我當作午餐的扁豆罐頭都不例外。

我也是在這裡交了大學時期的第一個男友。他來自紐約的由提卡（Utica），是個愛賣弄學問而且毫無幽默感的爵士鋼琴家，但卻是我們這個課程團隊中僅有的兩位異性戀男性之一，而我是真的因為擄獲他而感到驕傲。我住在馬里波恩地鐵站（Marylebone station）附近的一間地下室公寓，那裡距離杜莎夫人蠟像館（Madame Tussauds）一個街區。我的另外三個白人室友都個性狂野、有趣，而且在性方面非常開放。她們個性大膽，不管有什麼奇思異想都願意放手去嘗試，其中桑雅是我們當中最崇尚享樂主義的人，但同時也最有紀律。桑雅立誓不在倫敦做愛——就彷彿性愛是她已經吃太多的昂貴巧克力——不過這個誓言也無法阻止她把地鐵上撞見的人帶回家做一堆性交以外的事。每次只要我們喝酒，我的室友就會脫掉上衣後漫不經心地彼此溫存，就像正在進行一場表演，而我永遠是現場最拘謹的那位。「凱西又跟**平常一樣**穿著上衣了，」她們說，「來嘛，秀出你的奶子啊。」

回到歐柏林學院後，我幾乎都躲在圖書館最頂樓的一個讀書小間內寫報告和詩。偶爾我會在校園外其他人的住處喝得爛醉。在其中一個住處，我的朋友們實在懶得買廁所衛生紙，所以直接丟了一件毛衣和一把剪刀在馬桶旁邊。

回到這裡讓我憂鬱。

海倫在大三這年的狀態特別差。她開始用海洛因，除了酸味彩虹糖之外什麼都不吃，而且特別忌妒有了新男友的艾琳。艾琳有個習慣，她總會一頭栽入互相過度依存的伴侶關係，而這也是她和海倫的關係如此緊密的原因，可是艾琳的人生畢竟還是需要男人。她的新男友傑克是個極為蒼白又氣味難聞的人，除了蒐集唱片之外什麼事都沒辦法做。海倫認為他配不上艾琳，而且只要一有機會就提醒他這件事。她說的沒錯。

在諷刺劇《飛天龍之歌》（*Songs of the Dragons Flying to Heaven*）中，劇作家李英珍（Young Jean Lee，音譯）表示：「之所以有這麼多白人男性跟亞洲女人約會，是因為跟白人女性相比，他們可以找到更好看的亞洲女人，而且我們比較好得手，自尊心又比較低。這就像是你決定買一個比較差的牌子，但可以因此獲得更多奢華的附加特色。此外，亞洲女人會願意跟白人女性根本不想碰的白人男性交往。」

艾琳有魅力、才華洋溢，而且聰明，可是她約會的對象什麼都不會，就連一個火雞三明治都需要艾琳幫他做好。表面看來，艾琳在這段關係中占上風，可是那種假裝沒用的男性——歐柏林學院的男人特別擅長此道——可以跟那種強調自身領袖特質的阿爾法男性一樣懂得操控人，因為他們會利用自己的弱點把生活中需要做的瑣事和粗活都強加到女人身上。傑克整天都窩在艾琳的床被底下，艾琳則把他當成結核病患者一樣照看。她會花好幾個小時耐心聆聽他談論他如何覺得自己沒有好好感受一切。「把那些感受寫下來吧。」艾琳用安撫地口氣給他建議。有一天，海倫衝進艾琳房間，把一盒餅乾甩在傑克頭上。

「你以後再吃我的餅乾試試看！」

「海倫，我沒有——」

「只有**你**會把餅乾咬了一半後放回去！」

傑克和一群全是白人的「酷孩子」團體稍有來往，學校裡的所有人都稱他們為「後現代男孩」（PoMo boys）。海倫其實跟其中一個傢伙交往過，那男人有張像麵糰的臉，也是個有野心的作家，後來在三十五歲時陷入一個很大的抄襲醜聞。他為了一個前拉斐爾畫派且走獨立風格的瘦巴巴年輕女孩甩掉海倫，這讓海倫陷入她自己不是白人又不夠瘦的羞恥循環中。或許是因為他，又或許是因為她多年來對男人累積的不信任，也可能純粹只是因為那些傢伙活該，總之海倫開始蹂躪這群人。有一次，他們坐在校園餐廳一邊抽威豪牌香菸（Pall Malls）一邊討論作家湯瑪斯．品瓊（Thomas Pynchon）或克里斯．馬克（Chris Marker），此時海倫因為腿部扭傷而蹣跚拄著木拐杖走過他們身邊，一邊對他們大吼：「一群矯揉造作的垃圾。」一那根拐杖讓她散發出不祥又莊嚴的氣場，所以他們之後只要一看到她搖搖晃晃地接近，就會立刻像一群鴿子般四處飛散。

有一天，海倫來到我們家，當時我們已經好幾天沒見到她了，因為她跑去和朋友海瑟進行海洛因狂歡派對。海倫癱坐在我們家的扶手椅上，整個人躁動不安，許多髮絲披散在臉上。在傍晚的灰暗光線中，艾琳和我坐在我們的棕色印花沙發上，用一個一點七五公升裝的塑膠瓶子喝著廉價龍舌蘭。那時候是二月，陰鬱的冷風在窗外低嚎。海倫在扶手椅上消沉的樣子不禁讓我思念起我在倫敦的時光，當時我和室友會一邊抽大麻一邊用刮鬍膏按摩彼此的腳。當我的室友桑雅發現我從未用過陰蒂按摩震動器時，她立刻對我搖晃著手中兔子形狀的豪華按摩器，命令我立刻進房間試試看：「然後再給卡拉，不過記得要先洗過。」她們實在是溫暖又無憂無慮的一群人。她們對身體的感受好正面。

「我們把上衣脫掉吧。」我說。

「**為什麼**？」艾琳口氣猜疑地問。

「為什麼不呢？」我勉強自己用歡快的語氣說。我喝下一大口龍舌蘭，脫掉上衣後甩到一邊。艾琳不是很情願地解開上衣扣子，此時讓我驚訝的是，海倫什麼也沒說地就扭動身體脫掉高領上衣。我才一脫掉上衣就感覺很不自在。我看見我的皮膚突起許多雞皮疙瘩，還可以感覺到每顆雞皮疙瘩緊貼著沙發的布面紋理。我們坐在二月的陰沉光線中，穿著胸罩的身體彷彿皺縮著，三人就這樣沉默地坐著不動。海倫的狀態實在太像死人一樣呆滯，甚至沒注意到自己在把黑色高領上衣從臉上扯走時弄歪了眼鏡。

「腹肌不錯啊，凱西。」艾琳最後終於開口。「你有在健身嗎？」

海倫躁動了一下。她改變自己在扶手椅上的姿勢，調整好眼鏡。我的心跳加速，因為她開始跟我們說她嚇壞了，說她會聽到不存在的聲音，還說她覺得自己在一場不會結束的惡夢中，又說那些聲音會說她既噁心又沒資格活下去。然後她看著自己，就彷彿第一次意識到自己沒穿上衣，她說：「我好胖。」

「海倫，」我們同時開口，兩人的聲音交疊在一起，「你很瘦。」

「我很胖。」她又說了一次，然後憤怒地瞪著我。我很清楚這個眼神是什麼意思。

「你誘拐我。」

「你是什麼意思？」

「是你要我脫掉衣服，這樣才可以嘲笑我有多胖。你誘拐我。」

「凱西醉了，」艾琳沉靜地說，「她不知道自己在做什麼。」

「我**沒有**醉！」我醉醺醺地說。「你怎麼會沒發現這點！我想讓你知道！你很美！你的身體很性感！我只希望你可以愛自己！」

海倫衝過來捶打我，我蹲在地上把臉埋入雙臂。她大吼著說我是個惡劣的怪物。艾琳把海倫拉開時，她也開始使勁毆打並用腳踢艾琳。我記得客廳很暗，海倫和艾琳在我眼裡就是兩個彼此搏鬥的影子。終於艾琳一邊打一邊從海倫的身體底下制服住她。海倫在暴力狀態發作時會擁有超人的力量，可是艾琳更強壯。艾琳壓制住她很長一段時間，過程中不停反覆大喊她的名字。她們兩人都氣喘吁吁。

我從大二那年開始對藝術創作失去興趣，轉而開始認真寫詩。我在修過雅典娜的課之後開始懷疑自己是否真的有藝術才能，再加上艾琳和海倫又比我優秀太多，我對自己的懷疑也就更深了。

近期在一起喝酒時，或許是為了獲得一些反應，我告訴艾琳，是因為她和海倫，我後來才不再進行藝術創作。

「現在要我承認這件事還是很難，」我說，「可是我很忌妒。你們太優秀了，我就是不夠好。我總是拿自己來跟你們比較。可是現在我很感恩，因為如果不是因為這樣，我不會發現自己有多愛寫詩。」

艾琳一臉抱持懷疑態度地看著我。「不客氣？」

「不過我覺得明美更喜歡你的詩。」我沉思著說，明美是我們之前的詩歌課教授。

「才不是這樣，」艾琳說，「她愛我們兩人的詩。你的詩實在很有感情。」

我不知道要如何面對艾琳對我的稱讚。每次她只要在作品中感受到任何暗示柔軟心靈存在的情懷，她都會猛力抨擊。

「總之，我需要把海倫這個人寫得立體一點。」我一邊說一邊拿起我的筆記本跟筆。「你還記得她在大學時期說過什麼有趣的話嗎？我只記得那些瘋狂的部分。」

「因為她就是那麼瘋狂。」艾琳說。

「嗯，是啦，」我說，「可是你只要一醒來就跟她待在一起，一定會有一些只是單純的相處回憶吧。或者有關藝術的深刻對話？那樣就太好了。」

「你知道我的記憶力爛透了，」艾琳說，「我們參加過那個有關海德格的獨立研究小組，記得嗎？」

「那實在太慘了。」我呻吟著說。

「我不覺得。畢竟我們這麼努力想提升自己的知識能力，我覺得很美好。」

我還記得海倫、艾琳和我坐在校園餐廳努力想讀懂那本《存在與時間》（*Being and Time*）。當時的我覺得又焦躁又像是陷入幽閉恐懼症。當海倫和艾琳神氣活現地針對「此在」（*Dasein*）這個概念發表意見時，我心想，我們根本一點都不知道這是什麼意思。

「你還記得什麼其他事嗎？」我問。

「我不知道，」艾琳說，「你跟她待在一起的時間跟我一樣多。」

「不，我不一樣。我是多出來的電燈泡。」

「我想不是吧。海倫只是不知道怎麼跟你相處。」

「拜託。」

「我們知道我們想成為什麼。」艾琳說。「她不知道她是誰。」

「是啦，她確實很常搬家。」

「她不屬於任何文化，」艾琳說，「所以只能拿別人的文化來用。」

「你知道嗎，我不覺得她在那些白人朋友身邊會失控成這樣。」

「是啦，反正，」艾琳苦澀地說，「我們是家人嘛。」

事實上，我在創作藝術時太神經質了。我總是因為無法將腦中畫面轉譯成藝術作品而感到挫折。但如果換作寫詩，我就不需要將畫面落實為任何其他媒介，只需要在紙上完成我的概念。事實上，我的詩歌創作開端就是針對所有無法製作出來的藝術想法進行「藝作描述」。抒情詩為我提供的可能性就是讓我擁有無限的資源，我因此不只可以打造出一個作品，還能創造出一個世界。

艾琳和我之前一起修了金明美的工作坊。這位客座教授年近四十，外型帶有牧師的氣質——不但頭髮剪很短，還身著黑色長裙。她在上課的第一天針對「沉默」進行了一段談話，藉此將我理解的文學史撕成兩半。她說詩歌形式的電路不是仰賴你說了什麼來充飽電力，而是你沒說出來的話。詩歌就像一張網，其中捕捉到的是各種結巴、猶豫，而非完美成形的語句，而且關注沉默本身就是一種詰問的過程。以在大屠殺中失去家人的猶太裔德國詩人保羅．策蘭（Paul Celan）為例，金明美表示，「他在兩種狀態之間巡航：訴說的不可能，以及在這種不可能中尋找媒介來訴說」。

第一個讓我明白不必讓自己寫得像個白人詩人、也不需要將我的個人經驗「轉譯」得讓白人讀者容易理解的詩人是金明美。之後我就再也沒遇過老師針對這個想法展現出同樣的同理心。她讓我知道難以辨讀的內容本身就是一種政治行動。在過去，人們鼓勵我寫出自己的亞裔經驗，可是我還是得用白人詩人可能書寫的方式去寫——與其說是模仿一位白人詩人，我其實更像是在模仿一位在概念上模仿亞裔詩人的白人詩人。金明美第一次讀我的詩作時說：「你為什麼要模仿別人的語言模式？」我說：「我不知道。」她說：「你對語言最早的記憶是什麼？寫一首源自回憶的詩給我。」

我有個詩人朋友歐仁・奧斯塔舍夫斯基（Eugene Ostashevsky）曾說：「如果你夠認真叩問，英語就會成為通往別種語言的一扇門。」這件事是金明美教會我的：去不停叩問英語，並利用我自以為不流利的語言能力——我的雙語能力、我童年時面對英語的困境——然後將最接近我矛盾意識的那些詞元融入其中。

我是九〇年代中晚期美國大學教育的受益者，多元文化主義當時正唱出最後的臨死哀歌。我最傑出的那些朋友和教授都是有色人種，因此我也理所當然地認定課堂上的閱讀材料本該反映多元文化。我在實體藝術創作課堂上除了認識到布魯斯・瑙曼（Bruce Nauman），當然也有認識到像是阿德里安・派珀（Adrian Piper）這樣的黑人概念藝術家；在詩歌課上除了讀到威廉・卡洛斯・威廉斯（William Carlos Williams）的作品外，當然也有讀到韓裔作家車學敬（Theresa Hak Kyung Cha）的作品。我研究墨西哥／奇卡諾表演藝術家吉列爾莫・戈麥斯・佩尼亞（Guillermo Gómez-Peña）的作品也不是因為我需要一個可以額外對照的「芝加哥經驗」樣本。我研究這些作家和藝術家純粹是因為他們都是最有意思的思想家。

艾琳、海倫和我會在討論時為自己的創作想法辯護，然後將想法運用在任何我們正在使用的表現媒介上，無論我們在工作室、圖書館、筆記本、舞台上、街頭上做了些什麼——或是何時去做的——總之都是藝術。我們不認為學科之間必須界線分明。受到金明美的課堂所啟發，艾琳製作了屬於自己的詩集，其中利用一本舊工程學課本拿來重新做成封面，再將其中放滿她的極簡主義詩作。受到艾琳和海倫的作品所啟發，我決定要進行一場詩歌表演，而且是「場地限定」的裝置藝術作品。我在一棟宿舍建築樓下找到一座沒人使用的籃球場，這地方在某次下雨後淹滿水，因此散發著壯麗的霉味，還有半英尺深且反映著籃網倒影的深綠色雨水。我其實覺得這個選擇算是作弊，因為我幾乎什麼都不用做，光是空間本身就已散發著**眾生缺席**的神祕氣息。我計畫了整場表演，包括讓大家穿著塑膠寬褲涉入雨水中，但在表演前一天發生了讓我驚恐的事：有台巨大的汙水抽水機把這裡的雨水抽光了。在我因此抓狂時，海倫說：「那我們重新把那裡裝滿吧。」那天深夜，她用一條水管幫我把地下室重新淹滿水。

我們都是藝術史學家羅莎琳・克勞斯（Rosalind Krauss）所謂「擴張場域」（expanded field）的創造者，我指的也包括我們談論藝術和詩的方式。單純談論技藝很無聊，我們在討論藝術和詩歌時也會觸及與種族、性別及階級的關係。我們的身分認同可以間接反映出我們的美學，但我們的美學也不一定完全和身分認同有關。我們很幸運可以上到像是藝術家強尼・柯爾曼（Johnny Coleman）還有娜內特・亞努齊・瑪西亞斯（Nanette Yannuzzi Macias）這些教授的課，他們告訴我們不要過度簡化自己，而且要以細微的觀察力去解讀「種族」這個主題。如果我們打算創作有關種族議題的藝術作品，那個作品就不可能是簡單的，因為種族是個困難的主題。

九〇年代是文化戰爭的時代，在那段時期，布希總統因為像是安德烈斯・塞拉諾（Andres Serrano）《尿浸基督》（*Piss Christ*）這類爭議性作品而撤掉國家藝術贊助基金會（National Endowment for the Arts，簡稱ＮＥＡ）的資金。藝術家在目睹了政府於愛滋危機期間的不當及瀆職行為導致他們的許多朋友死去後開始變得激進。其中最具爭議性的事件之一發生在一九九三年惠特尼博物館（Whitney Museum）的雙年展上，這是一場理直氣壯做出政治表態的展覽，其中由藝術家丹尼爾・約瑟夫・馬丁內斯（Daniel Joseph Martinez）設計的入場徽章扣上寫著：「我無法想像有誰會想當白人。」藝術家佩彭・奧索里奧（Pepón Osorio）在一個裝置藝術作品中重現出南布朗克斯區（South Bronx）一個波多黎各家屋中的犯罪現場；可可・弗斯克（Coco Fusco）和吉列爾莫・戈麥斯・佩尼亞穿著部落服飾出現在一個鑲金的籠子裡；珍妮・安東尼（Janine Antoni）則是將六百磅的巧克力及豬油方塊一口口咬下來，藉此以一種女性主義的角度去回應極簡主義藝術家唐納・賈德（Donald Judd）及行為藝術家約瑟夫・博伊斯（Joseph Beuys）的作品。

大多數評論家選擇抨擊這場雙年展。舉例來說，彼得・普拉根斯（Peter Plagens）將這場展覽斥為充滿「文化賠款風情」。少數表達支持的評論家之一霍蘭德・科特（Holland Cotter）則寫道：「當（美國）經濟在一九八〇年代末期遭受重創，藝術市場分崩離析，某種大規模的『衝撞大門』行為發生了。長久以來被排拒在主流以外的藝術家因此獲得入場券，並得以改變整個局面，他們其中許多人是非裔美國人、亞裔美國人和拉丁美洲人。」

在我書寫的當下，這個充滿張力的政治能量已經回到藝術圈，而我希望這次「衝撞大門」的效果能維持下去。在我從大學畢業之後，白人男性評論家、出版者，以及那些自以為什麼都懂的傢伙敲響了文化多元主義的喪鐘，他們聲稱這個運動已然失敗，並開始為後種族時代的美國剪綵。其實早在艾琳、海倫和我還在大學時，我想這些文化上的重大改變就已走到末路。不過正因為我們與世隔絕地待在俄亥俄州的小小校園內，所以還能享受到文化多元主義的餘波。海倫、艾琳和我不只自信，甚至可說是自大。這是我們的時代，我們也以為未來一直會是如此。

我有一陣子沒把自己寫的詩給海倫看。我非常保密，因為想把這些詩藏在那座自我凝視的私密聖殿中。我知道自己有多快就能從自信墮入自我懷疑的深淵，也知道詩作可以多快從一片閃爍顫動的光暈褪色為噴在紙面上的一坨屎。

「我很想讀你的詩。」海倫說。

「那些詩寫得一點也不好。」

「明明寫得很好，」艾琳說，「別聽她胡說。」

「你是覺得我不夠聰明，所以無法理解那些詩吧。」海倫語帶威脅地說。

「老天啊當然不是！」

「那為什麼我不能讀你的詩？」

我不太確定為什麼我不讓她讀我的詩。當然我害怕她針對詩提出的意見，畢竟如果她不喜歡我的詩，我覺得我會死！但此外還由於海倫在我生命中帶來的影響力太過強大，我希望我的詩可以不要留下她的印記。我覺得詩歌是屬於**我的**領域，是我**擅長的事**，不過我只跟她說我對這樣做沒有安全感。然後她強迫我在廚房的桌邊坐下，兩人針對我沒有安全感的議題聊了好幾個小時。隔天，我終於把我的那本廉價小本子遞給海倫，我一直把這個小本子當作某種稀有南美洲蝴蝶的標本般包在衛生紙裡面。收到本子的海倫開心地笑了，她說她會立刻讀。

然後我有一週沒見到她。

她又不見了，我抽離地想著。

她怎麼可以這樣對我？

在一個根本無處可躲的小小校園裡，一週是很長的時間，特別是從我們大三的那年開始，艾琳、海倫和我都住在一起。可是海倫老是做這種事，只要她開始疑神疑鬼地覺得艾琳和我正在找機會傷害她時，她就會消失好幾天，不是跑去跟海瑟擠一張床睡，就是去跟她那些「安全的」朋友一起住，我猜大概就是潘姆和潔西卡。

我全身上下都浸泡在焦慮的情緒中。那週我的腦子想的都是這件事。

「你有看見海倫嗎？」我問艾琳。

「嗯嗯有啊，」艾琳說，「在工作室。」

「她有提起我的詩嗎？」

「沒有。」

臭婊子！她讀了那些詩之後發現自己不喜歡，所以現在討厭我了吧，喔不，可能更糟，她已經不尊敬我了。可是她為什麼不能老實說出來？難道她不知道**不**告訴我反而會讓一切更難熬嗎？她為什麼不能直接說她因為討厭我的詩所以也討厭我而且再也不尊敬我了？這樣至少我會知道真相！可是難道她不知道我這個人有多敏感嗎？我們不是才花了三個小時討論我面對自己詩作的狀態有多脆弱嗎？還討論了我的防衛心有多重？更何況我又是個什麼都喜歡自己藏著的人？我們不是討論了我們的母親，以及我們因為母親而不知道該如何信任別人？還討論了我們的體內缺乏一個關鍵器官，而這個器官就是自尊心嗎？我們的自尊心就像一座永遠無法填滿的巨大游泳池啊！海倫！你在哪裡？你這瘋狂的臭婊子？跟我談我的詩！

我衝去她的工作室。她不在那裡。我問潔西卡，海倫是不是有去她那邊借住，她說有，還說她在他們的公寓搭了一座帳篷睡，那座帳篷聞起來就像剛烤好的布朗尼。她有談起我的詩嗎？「我想沒有。」潔西卡說。我把圖書館的每個角落都翻遍了，還去了費浮咖啡店（Feve offee shop），後來再跑去斯可夜店（'Sco）到處看過，畢竟她可能在那裡打撞球，另外也去木作工坊看了一下，最後回到她的工作室。終於在某一天，我隔著懷爾德坑草坪（Wilder Bowl lawn）看見海倫，當時她穿著她的藍色皮夾克，手上拿著平常抽的萬寶路涼菸，正在跟一個名叫艾希莉的紅髮女生調情。我立刻急匆匆走向海倫，對她說：「嗨。」

「嘿，你這傢伙，」她溫暖地說，「我在找你呢。」

「你又不是不知道我們住哪。」我暴躁地說。

她說：「我們去別的地方吧。」那是異常溫暖的一天，在歐柏林學院那座像太空船的水泥圖書館前方，我們一起在懷爾德坑草坪上坐下。然後她淚光閃閃地談起我的詩，還用上所有我在課堂上覺得太過掉書袋的詞彙，可是她使用的方式卻讓我感覺既真摯又深刻。她說她從未如此深受觸動，說我在詩作中捕捉到了一些如此本質性的事物，說我捕捉到了靈魂，她說我在我的詩作中跳舞，還說這些詩給了她藝術創作的靈感。她一個晚上就讀完我的詩，接著又必須從頭到尾重讀一遍，就為了好好享受每個字。

我覺得快樂，也感覺全身都放鬆下來。這就是寫作唯一重要的事了吧，我想，寫作就是為了這樣觸動一個人，為了觸動海倫。我又再次感覺自己變得真實。我們都是真實存在的。我正在這裡跟海倫一起坐在草地上。

然後海倫所有的藝術作品都在寒假時消失了，當時距離她的大四畢業展只剩兩個月。所謂的「消失」其實是被人丟掉了，那是個行政上的錯誤，學校管理部門以為她已提早畢業，所以下令清空她的工作室，導致她為了畢業展創作的素描、拼貼作品、畫作，還有其他藝術裝置作品的紀錄和所有創作相關用品都不見了——所有她進行過藝術創作的痕跡就此遭到抹消。她彷彿從未在這間大學做過任何作品。她彷彿從未存在過。那間工作室遭到徹底清空後被重新漆成白色。

為了回應這件事，海倫剃光了她的頭髮。

在聽說海倫喝掉一整瓶威士忌並剃光頭髮後，我心想，就是這次了，她這次會自殺成功，但當然我是太低估海倫了。比她求死意志更堅強的是她承受苦難的意志，尤其是在她認定自己受到考驗的時候。這是她身上最屬於韓國人的特質：她同時擁有強烈的求死及求生渴望，而這兩者並不會彼此抵消，反而是匯流在一起。不過這也讓跟她相處如同身處地獄，因為她會不停把怒氣發洩在艾琳和我身上，並不停表示這是神在告訴她不該成為藝術家，可是她打算證明其他人的看法都錯了。「包括**你**。」她一邊大吼一邊用手指戳我，但當時我只是剛好經過她的工作室並提議要幫忙而已。就某方面來說，海倫是對的。因為我不只是低估了她，或許還**希望**她失敗。說不定在聽見她所有的藝術作品消失時，我想到的只有我自己：我想到她會如何拿我出氣，以及當她的朋友真是天殺的累人。海倫總是指控我把她當成負擔，雖然我每次都否認，但她是對的：我確實在心底藏著那樣的想法。我覺得像是遭到我們的友誼**埋葬**，而且或許，只是或許，就算她真的自殺成功也不算太糟的事。這樣我就不會再感覺像是被埋葬一樣。我會感覺自由。

她證明我是錯的。她在自己已知的能力範圍內盡其所能，而且真的是拚盡全力。她幾乎每天不睡覺，並用極其誇張的方式表現自己的疲累——不管走到哪裡都搖搖晃晃——而且每天晚上喝掉半打啤酒、清晨就跑去木工坊，還自己製作油畫畫框，直到最後終於完成不可能的任務：她在一個月內完成了一年份的工作量。她把這個事件當成希望她徹底重新發明自己創作風格的試煉。海倫當時非常著迷於伊娃・海絲（Eva Hesse）這名藝術家，受到海絲啟發的她創作出許多抽象雕塑畫，其中利用油、樹脂和灰泥來重構裱框帆布畫，使其表面變成柔韌有形的立體狀態。她創作出的其中一幅畫上有像是網球一樣大的皮膚突起；另一幅畫則是在厚塗上一抹抹灰泥的中突出一根金屬鋼筋；另外還有一幅畫是把一片片用珍珠裝飾的油畫布垂墜在裸露未包覆的卡榫框上。然後海倫把畫廊地面塗成亮橘色，藉此讓整個空間和畫作連結出一體感。我的所有疑慮在看到那場展出後消失無蹤，其他學生跟老師也都對這個展覽大表讚嘆。當時我想，我永遠不會再認識像海倫這樣的天才了。

可是在一個月內做出一場畫展對海倫來說還不夠，她還要在自己的工作室內做出一個裝置作品，於是她在畫展開幕後的隔週末就開始著手進行。艾琳告訴我，海倫還要為她的裝置寫詩，被勾起好奇心的我決定在裝置展出前先去看看。我走上通往她工作室的樓梯，和她及她的朋友潔西卡打招呼，此時潔西卡正在幫她處理燈光。牆面上整齊貼滿一排排的白紙，我靠近時注意到海倫用打字機在每張紙上打了兩、三行詩句。角落有台小小的電風扇正在旋轉，翻飛的紙張聽起來像乾燥的葉子。我讀著每一行詩句，同時可以從中感受到我借她那本詩選中的其他詩人影子：艾蜜莉・狄金森（Emily Dickinson）、希爾達・杜利特爾（Hilda Doolittle）、奧西普・曼德爾施塔姆（Osip Mandelstam）還有保羅・策蘭。許多詩句都暗指向死亡。我開始驚恐地想，這個作品難道是什麼精心設計的自殺遺言嗎？此時我開始讀到一些很熟悉的詩句，那些是我的詩句。有一整排紙張上的詩句是直接偷自我那本寫詩的小本子。

我想把她從工作室的陽台推下去。

我好想吐。我想把那些紙扯下來。但我覺得無法動彈，畢竟如果我去質問她，誰知道她有可能做出什麼事？所以我只是等著，此時海倫還在和潔西卡一邊笑鬧一邊打掃工作室，然後我終於開口問她，我的聲音緊繃、克制，我問她為什麼我的詩會出現在她的裝置作品中？海倫停下手上在做的事，模樣看起來沒有絲毫緊張或內疚，反而只是怒瞪著我問：「你為什麼要這樣？」

她表現得像是根本沒意識到自己偷用了我的詩。她就像吸收其他事物一樣把那些詩都變成自己的。「你答應過我不會把我的詩拿給任何人看！」我傷心地大叫。「你打算跟大家說這些詩是你寫的嗎？」

海倫打斷我，她說我在找她麻煩。「你怎麼可以這樣對我？」她大吼。「**你**才怎麼可以這樣對**我**吧？」我也吼回去。可是根本沒用。她吼的聲音比我大，她指控我是個自私的人，說我怎麼可以在她還有一個小時就要開展前這樣給她壓力？難道我沒意識到她有多脆弱？而且真的是用盡最後一絲力氣才能撐住不倒下嗎？她說她早就知道了，她知道我希望她失敗。在整個過程中，潔西卡都只是震驚地看著我們，海倫的怒氣則是不停飆升。我怕海倫可能要動手了。

我退讓了。我說：「我們之後再聊。等我們都冷靜一點之後。」我離開她的工作室，走下樓梯，走出那棟藝術系建築。我跨越馬路。我離開校園。我當時有個男朋友。或許我是去了他家吧。我沒去她的裝置展開幕。我聽艾琳說她把那些詩拿下來了。我沒有再次質問她。我甚至繼續跟她當朋友。我不知道除了繼續跟她當朋友之外還能怎麼做。

我本來只打算寫艾琳的事，因為我們體現出的女性主義藝術家情誼更能讓人感受到力量、也更為光鮮亮麗。我們一起搬到紐約，也一起上酒吧、參加派對，還會一起出席各種展覽的開幕活動。我造訪過她的工作室無數次，她也永遠是我的第一個讀者。我們會為了爭論而爭論，而且常寫很長的電子郵件給彼此。在我的人生漂流到愛荷華大學，而她的人生漂流到加州藝術學院後，儘管我們不在彼此身邊，艾琳仍是我的浮木。在愛荷華大學圖書館強烈的日光燈照射下，我駝著背坐在一台糖果色調的iMac電腦前，身旁是一個兄弟會男孩正用身上有漫威英雄「鷹眼」（Hawkeye）的毛衣袖子擤鼻涕，我像是一位在蘇黎世的流亡羅馬尼亞詩人一樣寫信給她。「詩人有什麼好處？不過就是一堆怪叫臭貓的便盆，但我們還是要用像是可能掀起革命一樣的態度創作！」

海倫和我在大學畢業後就各分東西。她在搬離這個國家後消失在我們的生活中，而我得坦白說：我很高興她離開了，而且我一點也不想念她。事實上，我夢過她回來對我發脾氣，但在醒來後因為發現她早已不在身邊而鬆了一口氣。不過書寫這篇文章就像是再次將她召喚回我的生命中，並讓她跟我一起憤怒，因為儘管她因為竊取我的詩而背叛我，我也因為竊取她的人生而深深背叛了她。

要是沒有認識海倫，我可能會擁有更快樂的四年大學生活，但就不會成為今日的這個作家。海倫證實了我們的能力、讓我們團結起來，並令我們感覺走在命定之路上。她讓我們相信自己正在定義美國的文化，我以後也會因為她們其中一人在現代藝術博物館開的個展而撰文提到她們倆。只要我當下沒有被不安全感壓垮，我就是個極度傲慢的人，其實我們三人都是。我們擁有白人男性的那種自信，但在畢業並各奔東西後，那份自信迅速衰弱下來。此後我們必須不停反覆證明自己，因為我們總在生涯的每個階段遭到低估。可是就算重來一次，我也不願過上不同的人生。因為這樣的掙扎讓我始終忠於透過我們的友情培養出的創造力，那是仰賴毅力與深度打磨過的想像力，並能藉此完整反映出我們不滿意識。沒有其他人在乎。沒有其他人把我們當一回事。我們是唯一要求自己先把自己當成藝術家看待的人。

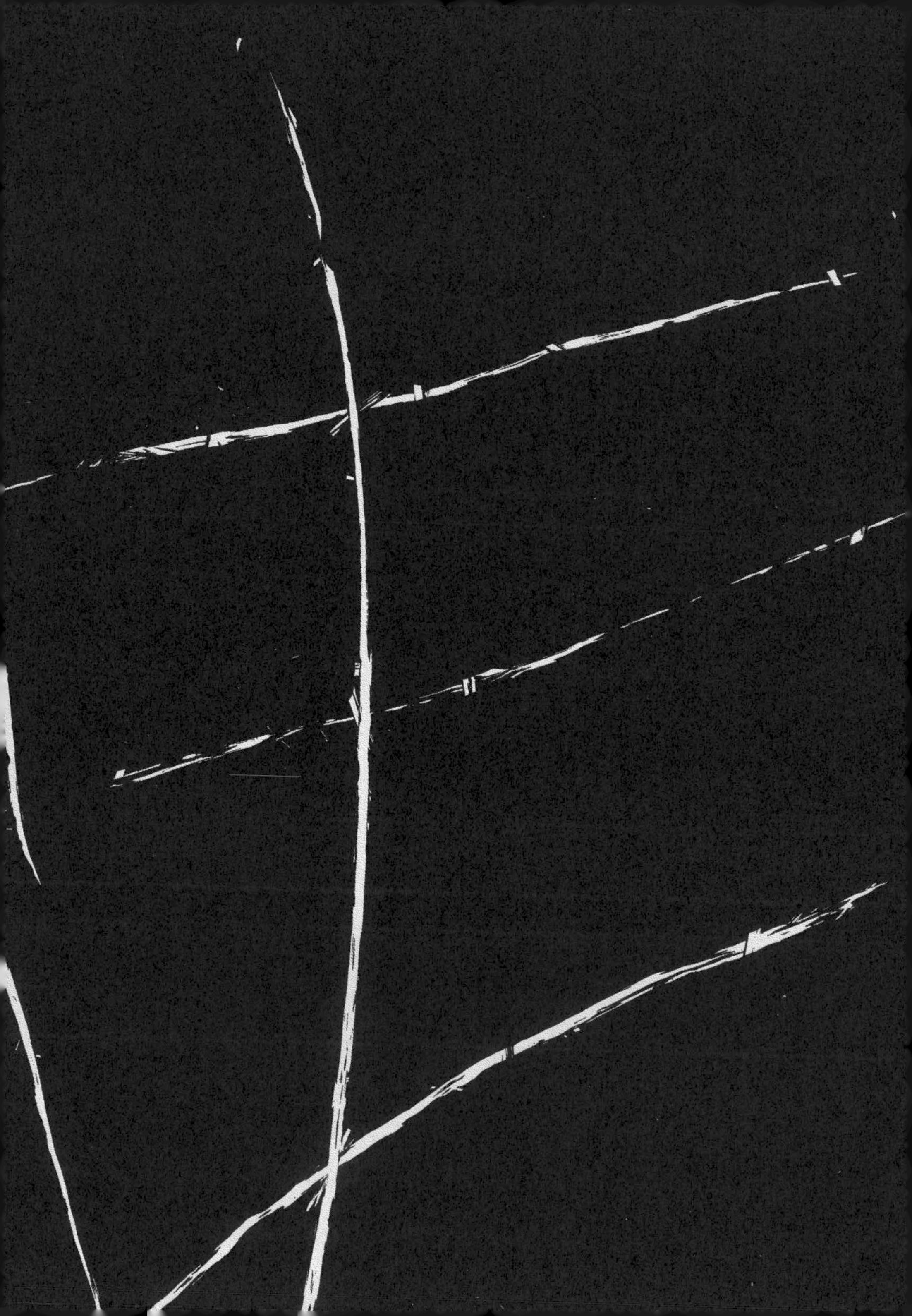

一位藝術家的肖像
PORTRAIT OF AN ARTIST

一九八二年十一月五日，那年秋天真正變冷的第一天，三十一歲的藝術家兼詩人車學敬（Theresa Hak Kyung Cha）辭去了她在大都會博物館織品部門的工作。她身上穿著白色安哥拉羊毛衣、紅色皮外套和一頂紫紅色貝雷帽，另外還搭配皮手套及雙層襪。她搭乘地鐵往南前往「藝術家空間」（Artists Space），那是一間位於哈德森街上的非營利畫廊，她打算為了即將到來的聯展將一個裝滿自己作品照片的大信封交給策展人薇樂莉・史密斯（Valerie Smith）。車學敬的這些照片中有許多不同姿態的手，她從各處裁切下這些照片後進行再製，來源從中國印刷品到現代法國畫作都有。史密斯在紐約州最高法院（New York State Supreme Court House）作證時回憶表示，車學敬當時看起來又累又緊繃，她待了十五分鐘為宣傳這次展覽的行銷品簽名，並在大概在四點時離開藝術家空間。之後，離開那間藝廊的車學敬往東北方走去。

從這裡開始，我可以在我的腦中看見她，那感覺就像在看一部十六毫米電影。她因為冷風聳著肩膀，急匆匆走過那些木板圍起來的廢棄鑄鐵建築，身邊還有老舊的雪佛蘭卡爾皮斯款（Chevrolet Caprice）計程車艱辛地開過用來強化路面的鋼板。她那件皮外套的紅色在影片的顆粒質地中顯得有點褪色。我想像她走過位於白街的塔南出版社（Tanam Press）辦公室，她曾在那裡花上好幾小時編輯她的詩集《聽寫》（*Dictée*）。然後她在百老匯街上左轉，那裡有一棟曾生產船帆用布料的白鑄鐵建築。二十五年後，我和我丈夫就在這棟建築內轉租一間租金穩定的公寓。正是在同樣的這個地方，我會扛著兩大袋文學獎評審工作而必須篩選的詩作走到街上，準備放在那裡讓回收人員收走，可是那些袋子卻在一個晚上後裂開，所有詩作因而四處飛散在那個街區，看起來就像一場歡天喜地的紙帶遊行，其中有些詩黏在車子的擋風玻璃以及牛仔褲店的櫥窗上，另外還有一些被皺巴巴地塞在腳踏車架邊、像捲筒衛生紙一樣掛在樹上，又或者散落在我家對面公寓前方正在做太極的那些中國女士腳邊。可是在二十五年前的那天，街上沒有任何詩——只有許多垃圾在空蕩蕩的上下貨平台底下堆積著。

車學敬已經受夠了紐約。她在兩年前，也就是一九八〇年，和丈夫李察一起搬來這座城市，為了是能更積極參與概念藝術的圈子。可是當時的地下藝術界已是槁木死灰，可說已由像是畫家朱利安・許納貝（Julian Schnabel）、弗朗切斯科・克萊門特（Francesco Clemente）以及大衛・薩兒（David Salle）這些鍍金年代的明星藝術家所接管。在一封寄給她大哥約翰且標記日期為一九八二年六月二十五日的信件中，車學敬寫道，想成功就代表必須擁抱那些「如同寄生蟲般存在且在道德及金錢層面的人渣」，而她覺得「老實說，很噁心」。

那天晚上，車學敬計畫和她的親密好友蘇珊・沃爾夫（Susan Wolf）及珊蒂・弗利特曼—路易斯（Sandy Flitterman-Lewis）去公共戲院（Public Theather）看一部斯特勞布—于耶（Straub-Huillet）[1]製作的電影。儘管對這座城市抱持各種不滿，她的事業已經開始起飛。她正參與籌備的聯展即將在十二月開幕，過去幾年間創作的詩集《聽寫》也才剛出版。就在之前寄給約翰的那封信中，她寫道：「很難說我現在感受到的是什麼、或是有什麼樣的感受，我只能說我感覺自由，而且赤裸。我從不讓手稿離開身邊，就算是沒時間處理也帶著。我到哪裡都帶著手稿，而且是真的睡在我的手稿上面，現在那本書已經完成……我總會在看到我完成的任何事物時感到驚訝，那些都是我在工作空檔、休息時間、睡夢中、沒與李察爭吵的時候、工作帶給我的狂亂挫敗感中、失業時，還有貧窮狀態中一點一滴拼湊起來的成果。」

可是在赴約和朋友一起看電影之前，車學敬必須先在五點時去拉法葉街的帕克大樓（Puck Building）跟丈夫見面，他正以攝影師的身分在那裡記錄建築翻修的過程。帕克大樓是一棟具有地標意義的紅磚大樓，面積覆蓋了蘇活區的一整個街區，總共九層樓高的建築表面布滿弧頂窗戶和亮藍綠色的窗飾邊條。在建築的正面入口有一座名為帕克的金色小天使雕像，這個雕像頭戴高頂禮帽、身穿長外套，並因為外套沒有扣起而露出胖胖的肚子。帕克把一支自來水筆當成魔杖拿著，同時面對另一隻手握的鏡子懶洋洋地看著的自己倒影。然後就在太陽下山之後，車學敬從茂比利街走進帕克大樓後門，看見了警衛約瑟夫・桑薩（Joseph Sanza）。

一九九六年的我是歐柏林學院的大二生，並在那年第一次讀到了車學敬的詩集《聽

1 譯注：斯特勞布—于耶指的是兩位導演，即讓—馬里・斯特勞布（Jean-Marie Straub）和達妮埃爾・于耶（Danièle Huillet），他們在一九六三到二〇〇六年之間合作了許多影像作品。

寫》。當時的我正在參加人生中的第一場詩歌工作坊，負責帶領工作坊的是身為詩人的客座教授金明美。我非常崇拜她的才智，也有嘗試要模仿她寫詩。金明美指定《聽寫》給我們閱讀，但比起這本詩集的內容，我更受到詩集的形式所吸引。雖然被歸類為自傳性作品，《聽寫》卻更像由回憶、詩、散文、圖表和攝影所製作出的拼貼作品。

一九八二年，《聽寫》由現在已停業的塔南出版社出版，內容跟許多母親及殉道者有關，另外還談到各種革命及起義。《聽寫》全書分為九個章節，每個章節都以一個希臘的謬思女神命名，內容則記錄了韓國歷史中的暴力過往，而用來呈現出這段過往的是車學敬母親的個人史，以及描寫曾帶領抗日遊行卻被日本士兵在獄中折磨而死的十七歲殉道者柳寬順（Yu Guan Soon）。車學敬也有在其他章節中提及聖女貞德（Joan of Arc），不過在這部作品中的聖女貞德是被其他女人重新創造出來的角色，例如里修的聖女小德蘭（Saint Therese of Lisieux）就寫過有關她的故事。

車學敬沒有使用傳統敘事，反而選擇了一種我只能描述為結構主義電影劇本的架構，其中的所有場景都以舞台指示進行描述，詩作則以幕間插卡的形式呈現，另外還有電影的單張劇照及像是燦亮電影白螢幕的空白頁不停穿插出現。車學敬始終沒有要指導你如何閱讀《聽寫》，她不只拒絕將法文翻譯成英文，也不針對前任南韓領袖李承晚（Syngman Rhee）寫給美國總統富蘭克林．德拉諾．羅斯福（Franklin D. Roosevelt）的信進行脈絡化解釋，當然也不替法國演員芮妮．珍妮．法爾科內蒂（Renée Jeanne Falconetti）在卡爾．德萊葉（Carl Dreyer）電影《聖女貞德受難記》（*The Passion of Joan of Arc*）中的劇照寫圖說。於是讀者如同偵探，必須去猜想其中的連結為何。

那時的我無法和以前讀到的亞裔美國人小說或詩歌產生共鳴。我找不到更好的說法，但那些作品感覺起來就是不真實，總之都像是白人演出來的故事。我想可能問題在於英文這個語言。那對我來說確實是一個問題。英文會讓本來該屬於少數人的小調作品變成屬於大多數人的大調作品。韓文中有一種親密、憂鬱的調性，但我只要透過英文書寫就會失去那種質地，畢竟在我的童年，英文這種語言就是跟海關人員、總在威嚇人的老師，還有賀爾曼牌的賀卡連結在一起。就算是已經學習英文這麼多年，我還是無法擺脫書寫英文就是在填空或必須讀出來確認原本意思的狀態，而車學敬藉由指出英文**不是**她的語言說出了我的語言。英文永遠不可能真正反映她的意識，她知道英文是一種表現形式，但也同時是被強加在她意識上的工具。正因為如此，《聽寫》讓我感覺很真實。

我是在金明美的課堂上第一次聽說車學敬在紐約市遭到警衛姦殺的事。我不記得金明美是怎麼說的，只隱約記得那個事件的大概細節，而從那時候開始的許多年間，儘管我多次重讀、在課堂上解說，或在座談會上提起《聽寫》，卻始終沒想過要去搞清楚發生了什麼事。然而，車學敬的死卻瀰漫在我閱讀《聽寫》的每次經驗中，讓這本書散發一種揮之不去的預言式氛圍——畢竟《聽寫》的主題就是一名年輕女性經歷的暴烈死亡——不過我永遠不會在課堂或講座上承認這件事。

我在幾年前的一篇評論中提及車學敬，因此決定去確認她遭姦殺的日期。然而深入研究車學敬的生平後，我很驚訝地發現沒人寫過這起犯罪事件，就算真有提到她最後遭人殺害，也不過被當成一個令人不快的細節來處理，許多學者通常就是用短短一句帶過，然後就開始討論《聽寫》敘事上的「不確定性」。最令人感到不安的是，沒有人點出車學敬死前遭到強暴，我還必須從法庭紀錄中查閱有關她受到性侵犯的段落，才有辦法確定這個堅持被所有人省略的細節。他們是真的不知道嗎？這個細節讓他們驚慌失措嗎？「謀殺」已經可以被消毒成一個犯罪數據，可是加上「強暴」這個詞會迫使你去面對她的身體。

我們很難找到亞裔美國人遭到性侵的可靠數據。性別暴力亞太研究中心（Asian Pacific Institute of Gender Based Violence）發現有百分之二十一到五十五的亞裔女性遭受過身體及性方面的暴力，這個比例的高低差距其實相當大；另一份研究則發現，在所有族群背景中，亞裔美國女性受到性侵犯的通報數其實是最低的；此外還有另一份研究因為「取樣數太少」而直接把亞裔女性排除在外。我實在很難相信這些研究的結果。我母親以前會在我約會的時候問：「你不會做什麼壞事吧？」那已經是她唯一能提起「性事」的委婉說法，而且除了這種時候之外絕不會提起。

在成長的過程中，我常偷聽到有些女人消失或發瘋的故事。所以發生了什麼事？我總會問。沒什麼，我媽只會這樣說，然後就要我閉嘴。每個亞洲文化中都有很多女人消失或發瘋卻沒有獲得任何解釋的故事，頂多只會有人表示是因為發生了一些「壞」事。在精神分析中，那些殘害你心靈的痛苦會在你談論痛苦的當下與你的身體分離開來。將痛苦命名能讓傷害事件不再那麼扎人，並使其變成終將消亡的凡俗事物，並因此得以處理甚至消滅。可是我成長在一個訴說痛苦會重新使我產生創傷的文化中，這麼做甚至還會讓所有我愛的人產生創傷，就彷彿語言本身不是解藥，而是足以讓所有人受到影響的毒藥。在亞裔女性所身處的這個充滿祕密及羞恥的文化中，她們有多少人有勇氣在遇到性侵害時選擇通報？否認永遠能帶來慰藉，不過效果有限，畢竟那個傷害事件會竄藏到你的夢中，或是以其他更致命的慢性形式呈現出來。我曾問過一個亞裔美國學者朋友，想知道他覺得為什麼沒有人寫過車學敬的死。「他們或許不想讓她的家人再次經歷創傷。」他說。在他這麼說之後，我無法克制地將車學敬的評論者視為她故事的一部分，其中也包括我。

我想到雪維亞・普拉絲（Sylvia Plath），她是眾多悲劇女詩人當中的巨擘型人物，後人甚至還圍繞著她發展出一整個關於自傳的家庭手工業。從一般讀者到最獻身於研究的學者都因為她成為偵探，他們彼此交換八卦，並細讀她的每封信件或日記，就希望能找到任何尚未挖出來的細節。學者為了她遺留下來的資產所進行的法律訴訟因此無止盡延長。隨便一個朋友都可以從自己的回憶中提供跟她有關的零碎看法。可是車學敬的私生活有許多部分仍處於塵封的狀態。這些學者花費大量篇幅去論證車學敬是在試圖重現那些因為歷史暴行而遭到噤聲的韓國婦女生命，但對於車學敬在自身生命中遭受到的暴行卻保持沉默，這樣的情況實在令人不解。學界其實有許多關於《聽寫》的重要研究成果，像是由金惠經（Elaine Kim）和諾瑪·阿拉貢（Norma Alarcón）編輯的評論選集《書寫自我，書寫國族》（*Writing Self, Writing Nation*），還有像是鄭安玲（Anne Anlin Cheng）及提摩西·余（Timothy Yu，音譯）所寫的相關專文。可是更常見的情況是，許多進行相關領域研究的學者只是剛好把《聽寫》當成說明自己論點的一份冗長證據。關於她的研究讀得愈多，我知道得愈少，而一旦我知道得愈少，就愈無法克制地想：車學敬也是一個在消失後沒有獲得任何解釋的女人。

車學敬的親友表示她的聲音是她最大的特色。她說話的聲音就像在輕吐氣息，脫俗又寧靜，總像是正打算說一個祕密般吸引他人靠近。在她的詩作及影像藝術中，車學敬把她的聲音同時當作主題及工具。在她一九七六年製作的影像作品《影像詩》（*Vidéoème*）中，她使用畫外音來翻譯出現在螢幕上的法文字。「去看。」她的聲音很高、像是笛音，而且女性化，聽來脆弱又令人毛骨悚然，可以帶來平靜但又極為詭異——就像是把玻璃杯緣沾水後用手搓揉出的聲響。

我想辦法在網路上找到車學敬的另一部影像作品《交換排列》（*Permutations*），影片中閃現出一系列她妹妹伯納黛在一九七六年拍的黑白大頭照，而且每張出現的照片都會定格幾秒鐘。照片中，她妹妹沒化妝，又長又厚的頭髮中分後披散在臉龐兩側，莊嚴的表情始終沒有改變。她的五官是典型的韓國人長相：明確的深色眉毛、細眼睛，形狀精巧的鼻子，抿起的嘴唇豐滿又肉感。

在看了伯納黛六分鐘完全沒有改變的表情後，我覺得有點無聊了。就影片這個表現形式而言，光陰的流逝特別顯得無情，相對之下，畫作和攝影作品就不會這麼快過時。隨著使用的科技老化再加上媒介變得不清晰，其中的主題也逐漸遭到時光吞噬，於是讓我特別注意到環境中的白噪音以及光學質地上的顆粒感。藝術家希朵・史戴爾（Hito Steyerl）曾寫道，「弱影像」是一種「行進中的摹本。其品質糟糕、解析度不合格。那是影像的鬼影……弱影像是逐漸接近抽象的：是源自其生成過程本身的視覺概念……弱影像通常蔑視父系遺產、國族文化，另外當然也蔑視版權概念」。

伯納黛的大頭照中有些不是很明確的元素讓她「逐漸接近抽象」。她的表情難以解讀，也沒有任何首飾讓她顯得現代化。她可以是任何地方、任何時期的任何人；她可以是首爾的一位戰爭難民，也可以是美國灣區的一名嬉皮。我曾讀過有個男人表示他在一間博物館內看了《交換排列》，並在把片中的妹妹誤認為藝術家本人後愛上對方。不過他在去購買《聽寫》後立刻清醒過來，因為那本書根本無法閱讀。我自己是在龐畢度中心（Centre Pompidou）還有洛杉磯的當代藝術博物館（Museum of Contemporary Art）看了《交換排列》，當時那是一場女性主義展覽。每次看到車學敬的影像跟其他藝術家作品陳列在一起時，我總是感到很震驚，因為就像是在一個明亮的公共空間中看見一個多年沒見的親戚。可是你在這裡做什麼呢？我想問。你之前又去了哪裡？

車學敬是在一九五一年的三月四日出生於南韓釜山市，當時韓戰打得正激烈，她是家中五個孩子中的三女兒。她的家人為了避開北韓入侵的攻擊和其他數千位難民一樣先從首爾逃到釜山。根據她的大哥約翰表示，她的家人「總是在逃亡」。他們的父母一開始為了躲避日本人的占領而逃到滿州，後來又為了躲避蘇聯的入侵而逃到首爾，最後再為了逃離北韓的魔掌而去到釜山，最後又為了逃離南韓的獨裁統治來到美國。她的父母希望來到美國可以讓他們終於過上平靜的日子。

這家人曾在松島過了一小段時間的平靜生活，那是在釜山西方的一個小漁村，韓戰期間的他們就住在此地海灘邊的一座小屋裡。跟首爾不一樣的是，這裡不會看到遠方落下的炸彈、沒有人在尖叫，也不會有士兵命令他們去搬沙袋。約翰回憶起那段時光時可謂充滿感情，他想起岸邊的碎浪、彎彎曲曲的松樹，還有他的父母一邊在家人的圍繞下溫柔談天，一邊在木造露台上削掉黃香瓜的皮。他跟車學敬有關的第一個回憶就是在松島。三歲時的車學敬是個內向的孩子，她總是皺著眉頭，而且比起跟大家玩更喜歡在一旁觀察。她以前會坐在籬笆上看著沒穿衣服的男孩跳進灰色浪花中，或者就是看著他們在沙灘上打鬧，然後唱起有關兔子的一首童謠，但把其中的歌詞改成那些男孩：「嘿，沒穿衣服的男孩，你們要去哪裡？跳、跳——你們都跑掉啦。」

約翰說車學敬和母親的關係很親密。她母親也想成為一名作家，車學敬之後也將她對所有孩子說的故事在《聽寫》中重述了一次。她讓他們熱愛書本，還教他們用牛皮紙仔細把書封包起來。《聽寫》主要是一本跟母親有關的書。在〈卡利俄佩〉（Calliope）這個章節當中，車學敬書寫有關母親的歷史，將她描繪為一個在滿州思鄉的十八歲教師；另外在其他段落中，車學敬也提到母親說的薩滿故事，像是有個公主因為不是兒子而被父親斷絕關係，於是為了重獲父親的喜愛跑去地下世界帶回可以治療父親的解藥——只是在車學敬的版本中，生病的是母親，而為了母親去取藥的人是她。

一九六三年，車學敬十二歲時，她跟著家人離開首爾後移民到舊金山，並在那裡找到自己追求藝術與詩歌的天命。十四歲的她才學了兩年英文就在學校贏得一場詩歌比賽。此時的車學敬不再是家裡那個畏縮的、排行第三的孩子，她整個人開朗起來、變得有愛心又大方，而且很容易跟他人建立關係。她去讀了聖心修道院（Convent of the Sacred Heart），那是一間在灣區的天主教法語女子學校，這間學校後來在《聽寫》及她研究所的一系列攝影作品中都有成為她的創作主題。

車學敬和父親的關係比較緊繃，他有過成為畫家的夢想，卻不贊同車學敬想成為藝術家的渴望，因為認為這條路實在太難走。車學敬在讀研究所時常和父親吵架，他不明白女兒為什麼要在學校花這麼久的時間。在她的詩作〈我有時間〉（i have time）中有句沒有註明來源的引言，約翰表示幾乎可以斷定那句話就是她父親說的：「你在這裡耗費的這些年你所研究的這些文學課這些他們教你的事我一點都無法理解我的字典裡沒有這些的翻譯。」

車學敬不只在加州大學柏克萊分校拿到學士學位，後來還拿到比較文學及視覺藝術的兩個碩士學位。她是跟著伯特蘭·奧古斯特（Bertrand Augst）一起做研究，這個活力充沛又喋喋不休的學者帶領她進入了法文以及影像理論的世界。與此同時，車學敬也受到藝術家吉姆·梅爾徹特（Jim Melchert）的影響，並因此投身表演及多媒體藝術，這些在當時都還是全新領域，而車學敬也全心擁抱這個新天地。她熱愛瑪格麗特·莒哈絲（Marguerite Duras）和斯特凡·馬拉美（Stéphane Mallarmé），另外也熱愛克里斯·馬克（Chris Marker）、尚盧·高達（Jean-Luc Godard），以及卡爾·德萊葉，最後這位導演的《聖女貞德受難記》更對車學敬造成了重大影響。她也受到山謬·貝克特（Samuel Beckett）以及他所使用的「白音」（voix blanche）所啟發，之後在影像表演及《聽寫》中的扁平敘事就是受到這個概念影響。她總在不眠不休地工作，並在當時各種形式實驗的最前線實踐自己的創作，其中包括影像及表演藝術、前衛詩歌及戲劇，還有影像及文學理論等領域。奧古斯特說：「特麗莎（車學敬）將所有概念同化吸收後，用來創作出跟原本完全不同且具有原創性的全新作品。」

車學敬過世後，《聽寫》很快就絕版了。然後在經過十年無人聞問之後，評論界慢慢開始關注起她的作品，一開始是前衛電影的評論圈，然後是本來覺得《聽寫》在形式上太難以親近而選擇忽略的那些亞裔美籍學者。時至今日，加州大學出版社（University of California Press）已重新出版《聽寫》，這本書也被視為亞裔美籍文學中具有開創性的一部作品，並成為許多課堂上的教材，與此同時，她的影像藝術、雕塑和攝影作品都已收藏在柏克萊藝術博物館（Berkeley Art Museum）和太平洋電影檔案館（Pacific Film Archive），另外也曾在世界上的許多重要博物館展出過。

在教授《聽寫》時，我告訴我的學生要用一種學習新語言的姿態去理解這部作品，因為唯有如此，語言才不會是他們得以直接表達心聲的媒介，而是塞在他們口中的油灰，必須靠他們將其塑形成一顆顆母音。我之所以會這樣說是因為，車學敬就像是把自己當成正在用爛英文記錄生活的天主教高中女學生：

> 第一個週五。彌撒之前的一小時。彌撒每月第一個週五。先聽寫。在彌撒之前。在之前聽寫。每週五。在彌撒之前。在之前聽寫。回到自修室。時間到了。怒斥一

聲。距離書桌一步。排成一列。

車學敬使用句點的方式很激進，這導致她的聲音扁平如同機器人冷硬的操演口吻。這些如同點刻畫法的子彈式刺點不停打斷我們，讓我們難以沉浸於故事情境。如果車學敬是一名司機，她就是把煞車踩了又踩，藉此將整篇文字一次次往前扯動但又急停下來。她的風格對我來說實在算不上愉快，但能帶來解放，因為車學敬——她其實能使用流利的法文、英文和韓文——把移民面對英文時的不適感變成一種可能的表達形式。

在日本人統治期間，韓國人被禁用自己的語言，甚至得為了冠上日本姓氏放棄原本的名字，就連在獨立後沒多久，被分裂為兩半的韓半島也分別受到美國及蘇聯勢力占領。正由於這段國家的受殖民史，車學敬把語言同時當作傷口以及製造傷口的工具，而她所使用的語言與其說是用來揭露身分認同，更不如說是在將其隱蔽。在她的藝術計畫中，她把英文、法文還是韓文文字都當成文本性物件，這些物件不但像橡皮圖章一樣僵硬，也像石刻銘文一樣晦澀難解。那些文字不是她的一部分，而是處於她之外的存在。

許多師承後結構主義並深信文本應與作者分開的評論者一直謹慎地強調，《聽寫》

這部作品拒絕被當成自傳來解讀，而是由許多沖上岸供她解析的瓶中信所組成的手稿。她的家人對此卻有完全不同的看法。車學敬在死去前將一部全新的《聽寫》寄給她的父母，那本書在她葬禮當天送達。約翰打開包裹並在翻開書後看見第一張照片，發現那是張重印後顯得畫質很差的影像，內容是許多困在日本礦坑裡的韓國礦工留下的塗鴉，其中一個塗鴉的手筆很孩子氣，意思是「母親，我想你。我好餓」。約翰覺得可以在腦中聽見車學敬說這句話的聲音，因此心神不寧地把書藏起來不讓母親看。兩個月後，她母親讀了《聽寫》，但始終覺得車學敬正透過這本書在跟她說話，所以途中必須停下來好幾次。

我寫電子郵件給柏克萊藝術博物館的館長康斯坦絲．勒沃倫（Constance M. Lewallen），問她是否能聊聊車學敬遭到姦殺的事件，她用以下這段簡短回應婉拒了我：「我們一直嘗試把焦點放在車學敬的傑出作品，而不想要炒作她的故事。」另一位學者回應我的問題時也提到，她有在提醒自己不要談起她的死，原因是「基於對她家人的尊重，同時希望不要轉移大家對她作品的關注。不過我也正在嘗試有別於傳統的自傳式切入法，希望能讓她作品中的個人性擁有不同的解讀空間」。

這些目的都是有效且合理的。在最開始的時候，將《聽寫》的重要性突顯出來並稱頌她的創新都是必要作為，此外為了不讓大眾因為她駭人的死亡事件而轉移焦點，評論者必須不讓大家專注於她的遭遇。那就像是她的守護者們必須保護她的藝術遺產不受到姦殺事件的效應玷汙，但我懷疑這種保護心態的效果有點太好了。在她受到殺害後，除了《村聲》（*The Village Voice*）這份報紙上有一段短短的訃聞之外，沒有任何相關新聞報導出現。我懷疑這種缺乏報導的現象是因為她是——如同警方描述她的方式——「一位無名的東方女子」。自從那時候起，除了可供大眾查閱的法院紀錄之外，就未曾出現任何有關她遭人姦殺的描述，這讓車學敬始終籠罩在一種神祕的氛圍中，大家也只能低聲交換相關傳聞。

我應該指出的是，車學敬是從沉默中發展出一種美學，並透過發音上的省略去證明：若想捕捉到她的民族所承受的歷史暴行，英文這種語言是只能間接傳達真實的貧乏媒介。此外，唯有不將恐怖的事件說盡才能讓一切更顯真實，就像古希臘大詩人莎弗筆下那如同碎彈片的詩歌，並藉此要求讀者去想像那些尚未訴說的。因此就某方面而言，那位學者也是在反映車學敬自己的沉默修辭，並透過最節制的方式來揭露她的死亡（「一九九二年十一月五日，車學敬遭到殺害」）。那位學者表示她的謀殺事件實在太過恐怖，因此無法藉由人物傳式的摘要告知大眾，所以就讓讀者自己去想像發生了什麼事。但是這種沉默做到什麼程度會導致她受到大眾忽視？怎麼樣的沉默又可以算作是對她的尊重？沉默的問題在於沉默本身不能說明自己為何沉默。所以沉默逐漸累積、放大，獲得比我們原本意圖更大的生命能量，甚至可能被解讀為冷漠、迴避，或甚至是羞恥，並在最後終究成為一種遺忘。

約瑟夫·桑薩是一位二十九歲的義大利裔，他在佛羅里達州已經因為連續九起性侵案遭到通緝，並在逃亡到紐約市找姊姊一起住後做著警衛的工作。帕克大樓的管理階層之所以雇用他純粹只是因為「他懂英文」。

車學敬是桑薩的許多強暴受害者之一，卻是唯一遭到謀殺的受害者。跟一般人想像的不一樣，桑薩跟車學敬並非彼此不認識。由於她的丈夫在帕克大樓工作，桑薩又在那裡擔任警衛，所以他認識這對夫妻，還知道他們住在哪裡。他們認識彼此的程度還曾讓三人拍過一張合照。相對於桑薩的其他陌生受害者，車學敬有可能指認出他，這無疑讓他有動機謀殺她並把屍體轉移到犯罪現場以外的地方。

車學敬的屍體是被人在距離帕克大樓幾個街區之外的地方發現的，那是伊莉莎白街上的一座停車場，而且就在她家旁邊。約瑟夫・桑薩是用他跟另一名警衛借的廂型車把屍體丟去那裡。桑薩先在帕克大樓的地下二樓強暴了車學敬、用一根警衛用的棍棒毆打她，之後再把她勒死。她脖子上破裂的舌骨處緊緊綁著一條皮帶，頭上則有深及頭骨的撕裂傷，長褲和內褲都被脫到膝蓋，至於帽子、手套和一隻靴子則不見了。當警察於七點後在停車場發現她時，她的屍體還是溫的。

好的書寫應該以精準明確的細節為目標，不過太多細節也可能顯得駭人聽聞又毫不必要，並可能在討論她的評論家及策展人多年來不懈的努力之後，再次將車學敬變成「一位東方無名女子」。我一邊書寫這段一邊在心中升起各種懷疑：我多寫了什麼？我遺漏了什麼？我有把將她包裹起來的毯子寫進去嗎？纏在她髮絲裡那根和廂型車地墊材質相符的稻草呢？她身上的擦傷跟電梯井地面的磨損形狀相符這點呢？在這個案子中，細節也就是證據，其中沒有任何容許不確定性的空間。

所有法醫證據──血液、毛髮──都沒有決定性的結果，所以檢方必須仰賴間接證據，比如她的婚戒不見了，而桑薩有個朋友作證表示注意到桑薩在隔天的星期六戴了一枚女性化的戒指在小指上，「看起來有點娘」。接著又隔一天，桑薩偷走姊姊的一千塊後搭乘灰狗巴士回到佛羅里達州，並在那裡的三個月期間又強暴了兩名女性，還嘗試竊取其中一名女性的婚戒。正是由於桑薩總會偷走受害者婚戒這個可怕的行為特徵，調查車學敬案的警探才會把她的案子跟佛羅里達的這些案子連結在一起。等這些警探終於追上桑薩時，他已經因為在佛羅里達州的性侵案件遭到拘留。

車學敬死亡當時，帕克大樓正在進行總計八百萬美金的重新裝修，在此之前落腳於此的主要都是印刷業，但業主打算在內部裝修改善後將此地當作商用公寓大樓使用。在進行翻修工程期間，警方為了尋找犯罪現場而在大樓內勘查了好幾週，甚至還動用一隻名叫「風茄」的獵犬，可是讓警方震驚又難堪的是，最後是車學敬的兄弟約翰和詹姆斯連同她的丈夫李察決定自行搜查後，才在大樓無人使用的地下室二樓找到了犯罪現場。

約翰現在已經七十多歲，他針對車學敬的謀殺事件寫了屬於自己的回憶錄，書名是《獲得真相的儀式：訴說／重述》（*Rite of Truth: telling/retelling*）。這本書原本是在韓國出版，不過他現在正在把全書譯成英文。我讀過這本書，其中大多記錄的是審判過程，其中出現的人物包括他自己、他的手足、他的母親，還有車學敬的一些朋友。約翰現在是住在灣區的一位作家兼翻譯家。

車學敬有在《聽寫》中寫到約翰。在〈梅爾波梅妮／悲劇〉（Melpomene/Tragedy）這個章節中，車學敬針對一九六〇年四月的一場群眾示威活動寫下了驚心動魄的陳述，為了反抗在日本失去對韓國掌控權後由美國指派的獨裁領袖李承晚，南韓開始出現群眾起義活動。直到軍隊開始公開射殺群眾之前，所有人都上街了，就連中學生也不例外。車學敬寫道，當時還是高中生的約翰很想加入抗爭活動，可是母親拒絕讓他們出門：「你不想失去他，我的哥哥啊，你不希望他跟目前為止被殺掉的人一樣死掉，那些已經死掉的人啊，你說你可以理解，但你還是哀求畢竟他們正在殺害任何且每一個人啊。」

我在Google Chat上採訪了約翰兩次，也和他通過電子郵件。現在看著身穿T恤和雙焦眼鏡的他已經很難想像他是那個頑固的年輕學生了。他有張親切的圓臉，散發著輕鬆、隨和的姿態就像一輩子都生活在加州的人。直到跟他談話之前，我對於接觸車學敬仍在世的親戚一直感到很不自在。畢竟好幾個學者給我留下的印象是：他們之所以不想提起她的謀殺案件，就是因為不想造成她家人的麻煩。因此當約翰表示自己很樂意談這件事時，我真的鬆了一口氣，不過他談到自己如何找到犯罪現場的這個故事，卻讓我想把車學敬的謀殺事件搞清楚的意圖陷入複雜處境。

在一九八三年的第一場審判中，檢方從佛羅里達帶來三位桑薩的受害者。其中一名女性作證指出桑薩闖進她家，並用槍抵著她的頭性侵她，結束後還嘗試偷走她的婚戒。桑薩在那場審判中被判有罪，可是這個判決在一九八五年遭到推翻，因為上訴法院認為車學敬的案子跟另外三位作證指控他的強暴被害者之間相似性不夠高，其中眾多的糟糕理由包括：桑薩在佛羅里達強暴其他女性時比較「有禮貌」，但對車學敬進行的攻擊卻相對凶狠。第二場審判是在一九八七年的秋天舉行，這次是以審判無效作結，因為檢察官傑夫．施蘭格（Jeff Schlanger）引用了一份紐約法院系統無法接受的測謊結果。最後在一九八七年十二月的第三場審判中，檢方發現了關鍵證人，也就是桑薩的前女友盧，她作證表示逃去佛羅里達之前的桑薩曾在凶殺案隔天用付費電話打給她，並在電話中表示自己「搞砸了」，還「殺掉了某人」。陪審團只花不到一小時就做出決定。桑薩被判一級強姦及二級謀殺罪名成立。

車學敬那天晚上和朋友約了一起看電影。在等沒等到車學敬後，她的朋友蘇珊・沃爾夫及珊蒂・弗利特曼—路易斯決定改去「道場」（Dojo）餐廳吃晚餐，那是間便宜的素食餐廳，而餐廳對面就是聖馬克書店（St. Mark's Bookshop）。用餐時，弗利特曼—路易斯和沃爾夫看見《聽寫》被陳列在書店的弧形窗內，而且還被打上燈光，她們看了很興奮，打算把這間傳奇書店正大力主推車學敬作品的消息告訴她。她們還為了車學敬的成功舉杯慶祝。

我在雀兒喜和弗利特曼—路易斯見面。她是個很有活力的六十多歲猶太女性，現在是羅格斯大學專精於女性主義電影研究的教授。她從柏克萊的研究所時期就認識車學敬，而且一直很推崇她的作品，常把她的作品和電影創作者香妲・艾克曼（Chantal Akerman）的作品放在一起比較，因為兩者皆超越所有創作文類界線。她非常想談當時發生的事：「人們都只說她很年輕就死了，」她說，「大家從來不點出其中的恐怖之處。」

弗利特曼—路易斯在最後一場審判時有出席。她記得施蘭格拿出一張列有二十二項間接證據的圖表，明確向陪審團表示一切證據都指向桑薩。在所有的證據中，最讓她難以忘記的就是那些抓痕。那個注意到車學敬戒指出現在桑薩手上的朋友也表示，桑薩的前臂和臉上布滿深深的抓痕。多年之後，弗利特曼—路易斯參加一場詩歌研討會，現場有位研究生做出了令人不解的做作發言；她表示車學敬身為強暴受害者的被動表現其實也是一種表演藝術。弗利特曼—路易斯在問答環節時起身回應這段發言。

「特麗莎（車學敬）一點也不被動，」她堅稱，「她有反擊。」

在弗利特曼—路易斯跟我提及看見陳列在聖馬克書店櫥窗內的《聽寫》後，那個日子才終於在我腦中鮮活起來。在跟她談話之前，我只能把車學敬生存的那個紐約想像成一個抽象的陰鬱城市，在我的想像中，那個如同高譚市[2]的地方充滿沒有開燈的鋼筋大樓和狂風呼呼吹過的空蕩大道。可是弗利特曼─路易斯的細節為這座城市注入生命，讓那個紐約市終於成為一個我認識的城市。我以前就在那附近的《村聲》報社工作，此外，後來搬到阿斯特廣場（Astor Place）的聖馬克書店正是我在不同活動之間的休息站——在我去跟人喝酒、參加讀書會和派對，還有跟朋友晚餐約會之間，我總會在這間書店消磨那不知可以去哪的十分鐘。那地方是為鬧區的大都會居民指出明路的一座燈塔。我在他們陳列出我的第二本詩集《勁爆熱舞》（*Dance Dance Revolution*）時也狂喜不已。當時的我三十歲，比一九八二年出版《聽寫》並被陳列出來的車學敬還年輕一歲。拿自己的同樣年紀去想像一個英年早逝的年輕作家後，我不禁意識到她的人生真是好早就驟然結束了啊！我的人生才剛開始呢！我對人生還一無所知啊！

寫作也帶有家族事業的特質：如果你的祖先已經建立好商號，你就更有辦法進入這個行業。藉由將車學敬介紹給我，我的教授金明美建立起一個或許素樸但仍直接的文學連結：車學敬、金明美，還有我。她們不只跟我共享同樣歷史，還能提供讓我能從中獲得成長的一種美學。不過有一陣子，我以為我的成長已經超越了車學敬，並強調主要影響我的前輩作家早已不是她，而是例如詹姆斯．喬伊斯（James Joyce）和華萊士．史蒂文斯（Wallace Stevens）這樣的重量級人物。此時的我已把她視為理所當然的存在。不過時至今日，我不只是在書寫她的死亡，也是在嘗試用自己的方式向她好好致敬。不過有一次，我在公共場合朗讀這篇文章的節錄片段，有人問起如果換作是車學敬本人，她會不會用我這種相對直接的敘事來書寫她的姦殺事件。「完全不會。」我說。「可是我只是嘗試寫出到底發生了什麼事。我發現那種形式上的實驗會妨礙我記錄事實。」

如果是更年輕的我聽到這個說法一定會極度反感，並表示自傳式敘事不過就跟其他形式一樣是人造的結果，並會因為我將一種自傳式解讀強加於《聽寫》而感到惱怒，就彷彿她的人生經歷關鍵到足以解答這本拒絕回答任何問題的作品。不只如此，我還把自己強加在她的身上，我把自己當成某種棉質被套一樣把她灌注入我的體內，這樣只要一

2　譯注：高譚（Gotham）是紐約市的暱稱之一，高譚市（Gotham City）這個名詞則是首先出現在《蝙蝠俠》（*Batman*）的漫畫中。高譚市是一個取材自包括紐約等許多美國大城市所構築而成的虛構城市，而城市的市容總是寬廣巨大、髒亂，而且充滿各種陰暗角落。

旦發現她的畫像有褪色的風險，我就能隨時插話：不過現在至少有我在這裡了啊！我可以彌補一切遺失的細節！

南韓是一個好小的國家，其中發生的戰爭及暴力起義讓來自那裡的所有人的生命陷入動盪。車學敬以難民身分住在釜山時，我當時八歲的父親同樣是待在釜山的難民，而且還得為了過日子而去美軍餐廳搜刮吃剩的午餐肉罐頭。當車學敬的哥哥約翰跟母親吵著要去參加反對獨裁領袖的抗議行動時，我還是青少年的舅舅也參加了那場示威活動。我的外公因為太擔心所以跑去首爾找他，可是卻無法進入首爾，因為軍方已經封鎖了整座城市。我的舅舅後來沒事，但我的外公卻在隔天死於心臟病。「跑啊，努力跑。」車學敬在作品中寫到自己跑去找一位家庭教師，希望那位教師可以阻止她哥哥去抗議。這讓我想起我母親看見我外公倒下時跑去找藥劑師的回憶。她相信只要自己跑得夠努力就能救他，可是等到她抵達藥局時，白布已經披蓋在她父親的屍體上了。

或許我只是厭倦了車學敬總是如同鬼魅一般的存在。就算有人知道她，她也是以這種悲劇性又不可知的附帶主題為人所知。為什麼之前沒有人早點去接觸車學敬的親友呢？為什麼沒有人去查看她的庭審紀錄呢？這些都不難找啊。事實上，這些資訊都能在網路上找到，可是為何就連我也沒有早點費心去找出有關這場凶殺案的細節呢？我難道不也是在書寫提及車學敬的評論文章時刪除了「姦殺」中的「姦」字嗎？因為「姦」（或說「強暴」）的概念會在文章中燒出一個洞，並因此掀翻文章中的任何論點，你會因此無法繼續分析，也無法在掠過這個概念的前提下合理化你的論點。你只能直視這個**概念**或移開眼神——而我選擇移開眼神，但原因不只是她死得如此慘烈。我有時在讀到受害者是亞洲人的新聞時也會迴避不看，只因為不想注意到事實上沒有其他人關注此事。我不想去在意其實沒有其他人在意我們。因為我不想一直深陷於無從緩解的怒火中。

如果你用Google搜尋車學敬，第一張出現的作者照是她妹妹伯納黛在《交換排列》中的一張截圖。人們常把這張伯納黛的影像跟車學敬本人搞混。我可以理解為什麼有人會**希望**這張照片是車學敬。透過那種左右對稱的禁欲式美貌，伯納黛散發出一種難以解讀的鬼魅氣息，觀者因此可以把自己想要的任何悲劇故事投射到她身上。

網路上流傳的車學敬照片只有一張是真的。那張側面照中的車學敬留著一頭長髮，身穿黑色套頭衫及緊身牛仔褲，正在讀書的她於拍攝當下望向柏克萊某棟公寓的窗外。她彎曲的手肘倚在窗台上，另一隻手塞在牛仔褲前方的口袋裡，至於表情就跟許多作家或藝術家意識到有人在拍攝自己時一樣戒備。儘管這張照片被用作她的官方作者照，大部分讀者在想起車學敬時腦中出現的仍是伯納黛，就連我也是在被朋友糾正後才發現之前腦中出現的都是伯納黛的臉。我為此感到難受。亞洲人總是被人跟其他亞洲人搞混，可是為了尊重死者，我們能做的至少是確保他們不再被誤認為其他人。

至少車學敬在生前被誤認為其他亞洲女人時是很有幽默感的。她寫了一首名為〈多餘的小說〉（Surplus Novel）的詩作，後來也表演過這首詩。

他們叫我
他們追在身後叫我
嘿洋子
嘿小野　洋子

小野　洋子
小野洋子
我不是你們的
我才不是我不是
你們的小野　洋子

曾有一段時期，大概是從六〇年代末期一直到八〇年代，每個長頭髮的東亞女人都會在街上被人用騷擾或嫌棄的口氣叫喚為小野洋子。我十四歲上吉他課時，老師有個屬於戰後嬰兒潮世代的朋友就曾說我拿著吉他時很像小野洋子。我感覺困惑（小野洋子不彈吉他，她是吉他演奏者的**妻子**）又深受羞辱（小野洋子很**老**）。這是九〇年代的事，當時小野洋子已逐漸擺脫原本惡名昭彰的形象：那個跟披頭四樂團成員分手的東方母夜叉。

從每天都活得像是隱形人的女孩時期，亞裔美國女性終究會在長大後綻放為他人傾注戀物癖的對象，因此就算終於可以被人看見——終於受到他人渴望——她仍會相當喪氣地發現這種對她的渴望是一種性變態。這種傾向在色情片中最為明顯，我們曖昧不明的欲望在這個產業中被不友善地分成許多類別，其中白人是正常的預設值，而所有其他種族都算性變態。不過亞洲女性可是真的每天都被提醒自己的吸引力是由他人的變態癖好定義而來，比如那些讓人起雞皮疙瘩的交友軟體訊息（「我真想第一次嚐嚐亞洲女人的滋味」），甚至是來自白人朋友的微歧視。我回想起有個白人朋友曾對我說，猶太男人只跟亞洲女人約會是因為想找跟他們強勢母親相反的女人，這段以自我為中心的抱怨預設亞洲女人都溫馴又聽話。另外還有許多朋友總是不忘好意地警告我，受我吸引的白人男性很可能有亞裔戀物癖。結果就是：我開始不相信自己可以吸引人，並認定我的性吸引力是一種病態的結果，就算有任何非亞裔的人喜歡我，那一定也是因為對方有什麼毛病。

在《陌生人的縱向質問》（*The Vertical Interrogation of Strangers*）中，巴努・卡皮爾對她隨機遇到的南亞女性提出一系列問題，除了像是「誰要為你母親的苦難負責？」這類比較尖銳的問題外，她還問了「你的身體是什麼形狀？」然而，就連我自己在回答這個問題時，都無法不透露出一絲如同從小攝取砒霜而遺留下的身體畸形恐懼症。在那些志得意滿的女性主義敘事中，女性能重新取回描述自己身體的話語權，但我還是只能隔著一臂之遙小心翼翼地看著自己的身體：頭很大、身體的線條極簡，那個身體或許曾具有吸引力，但也是以一種男孩子氣又雌雄同體的方式；現在，我們身體已經因為缺乏照顧而鬆弛，有時當我斜躺在沙發上上網時，胸部也只被當作筆電架使用。

車學敬會如何回答這個問題？她是同時在天主教**以及**韓國文化的環境中長大，而這兩者都非常壓抑。她在記錄自己表演的影像中總是身穿白色，那在韓國文化中是代表死亡的顏色，不過在薩滿文化中象徵的是和平。她母親在懷上車學敬的八個月後跟著家人逃亡到釜山，那天下著雪，一簇簇的大片雪花就像安哥拉兔一樣，她母親因此體驗到難得的平靜片刻。對車學敬而言，比起肉體的感官性存在，她對肉體的被抹消更感興趣，並特別著迷於成為殉道者的女性。但話說回來，如果用不同的角度來看，她著迷的是為了革命獻身的女性。

當我問弗利特曼－路易斯，根據她的觀察，為什麼當時沒有媒體報導車學敬的姦殺案件，她毫不猶豫地說：「她只不過是另一個受害的亞裔女子而已。如果她是一名來自上西區的年輕白人藝術家，各家新聞媒體一定會大肆報導。」

我之前就搜尋過新聞檔案資料庫，發現除了《村聲》的簡短訃聞之外沒有任何報導，並在當時立刻做出同樣結論。可是我實在很不想去積極驗證這個理論，因為亞裔女子說出這種話只會被斥為陰謀論發言。任何人都可以輕易指出由於紐約在八〇年代的高犯罪率，至少有數百名殺人犯沒有獲得媒體報導；然而媒體上缺乏車學敬之死的相關報導仍是不尋常的現象，至少不尋常到讓檢察官傑夫．施蘭格特別在我們談話時提起此事。我問這會不會是跟當時的高犯罪率有關。

「這件事發生在帕克大樓這個具有地標性質的地方，本來應該要成為大新聞才對，」施蘭格說，「而且姦殺案不可能發生在那種地方——就算是那個年代也不會。」

「那你覺得為什麼都沒有新聞報導？」

施蘭格停下來思考。

「這是個好問題，」他說，「我還真的不知道。」

至於約翰他們是如何找到犯罪現場，以下是他告訴我的故事。車學敬的母親在她死後一直夢到她，而在其中一個夢中，身為小女孩的車學敬帶領她走到「710」這個數字前面，她不停指向那個數字，可是她母親不知道是什麼意思。到了葬禮當天，她妹妹伯納黛也在一個異象中看見三個「7」。車學敬的母親本來就常做怪夢，部分夢境的內容也有被車學敬重述在《聽寫》之中。在〈卡利俄佩〉這個章節中，她十八歲的母親因為生病發燒而夢見自己墜入地下世界，而且就跟希臘神話中的波瑟芬妮一樣，地下世界也有許多精靈拿食物來引誘她，但她都拒絕了。在《聽寫》的最後一個段落中，車學敬為讀者提供了一幅具有療癒性質的異象畫面，是她母親將她高舉面向一扇窗戶：

> 抱我起來面向窗戶看得比太高還高比她的視線還高……抱我起來面向窗戶面向照片的影像解開綁住石頭重量的繩索首先是繩索然後是繩索刮擦木頭打破靜默此時許多鐘落下鐘聲隨著繩索的音響出現繩索拉住刮擦木頭的重量打破靜默許多鐘落下一聲鐘響昂揚天際。

警方在帕克大樓中花了數百小時尋找車學敬不見的皮包、靴子、貝雷帽和婚戒，可是最後什麼都沒找到。到了十二月，也就是在她慘遭謀殺的一個月後，約翰、詹姆斯和李察——他們受夠了警察緩慢的步調——決定自己來進行搜索工作。警方表示獵犬在幫浦室附近「瘋狂」吠叫，所以他們從那裡開始搜查。帕克大樓地下室的許多房間就像是陰暗又巨大的兔子洞窟，其中塞滿老舊機具和生鏽汙水管。他們手上拿著手電筒，一邊用雙腳掃開地面髒汙一邊前進，好似他們可以藉由鬆動卵石而找到那枚丟失的戒指。然後他們靠近一道樓梯，這道樓梯的盡頭有三根白色柱子，柱子上分別標示著７１０、７１１和７１３三個數字，約翰因此停下腳步。約翰想起母親和伯納黛做過的夢，於是表示他們應該在這一帶搜尋。他們打開樓梯盡頭的一些房間，最終發現一扇老舊的雙開門，推開，此時約翰首先看見的是她的手套。

「那些手套看起來活著。」約翰告訴我。

我請他進一步說明。約翰表示，那些手套的掌心就覆蓋著地面，但手套是蓬起來的，就像手套裡有著一雙看不見的手。現場還有她沾滿硬掉血塊的帽子，此外還有她的另一隻靴子。他很震驚。然而等警察抵達現場，整個空間也都充滿光線之後，那雙手套就消氣變回原本的扁平狀態。之後的許多年，那雙手套的回憶不停縈繞在他心中，因而迫使他寫出那本回憶錄。「那是她最後的藝術作品。」約翰說。

約翰跟我描述這段過程時，我整個人被迷住了，可是之後又為了是否該寫出來而陷入掙扎，因為這段故事勢必會將車學敬再次覆上之前那條裹屍布。當然，他的故事可以有其他合理解釋，畢竟為了讓我們深信失去的摯愛親友還在身邊，哀悼的情緒可能蒙蔽我們的雙眼或扭曲我們的認知。他們當然一定會因為深信她在現場而感到安心，並相信是她引導他們走入那個房間，另外也勢必會相信她的雙手能量還留在那雙手套裡、留在他們的夢裡、留在《聽寫》中，並從地下世界呼喚著他們。他們當然一定會因為她還在進行藝術創作而感到安心，也一定會想相信她的靈魂能在那個恐怖的死亡事件後存續下來。就在他們找到手套當天，「藝術家空間」藝廊的聯展開幕，其中展示出了車學敬那些有著各種手的照片。

他們有一張只有五個孩子的家族相片，當時大家都還住在首爾。約翰在回憶錄中提起這張照片：

照片中的我十二歲，伊莉莎白九歲，你七歲，詹姆斯四歲，至於坐在我大腿上的伯納黛大概出生剛滿一百天沒多久。你的頭髮剪得很短，以前韓國的每個小女孩都這樣，就是那種線條簡單的短髮，沒有造型可言，所有垂落的直髮都被齊平剪斷。你的臉上微微皺著眉。

我們成年後曾一起看著這張照片幾次，某次我問你為什麼那天那麼暴躁，你笑著說：「喔老天，那個髮型，你發現自己的頭髮被剪成那樣難道不會脾氣暴躁嗎？」

在《交換排列》中，當伯納黛的大頭照連續放映九分鐘之後——照片中的她有時臉朝前、有時臉朝後、有時雙眼閉起、有時雙眼睜開，其中有幾幀照片中的她把髮絲往後塞，因此露出戴有素樸圓形耳釘的一邊耳朵——主角改變了，因為車學敬塞了一張自己的大頭照進去。那唯一一幀的姊姊照片閃過螢幕，才一秒鐘就又換回妹妹的照片，觀者只要眨個眼就會沒看見這位藝術家的肖像照。我把影片往回倒轉，將畫面定格在那幀照片上：她跟妹妹留著同樣的長髮，但下巴線條比較方，膚質不是很好，鼻子則是更寬一些。她的雙眼有神、警戒，絲毫沒有受到任何鬼魅氣息繚繞。

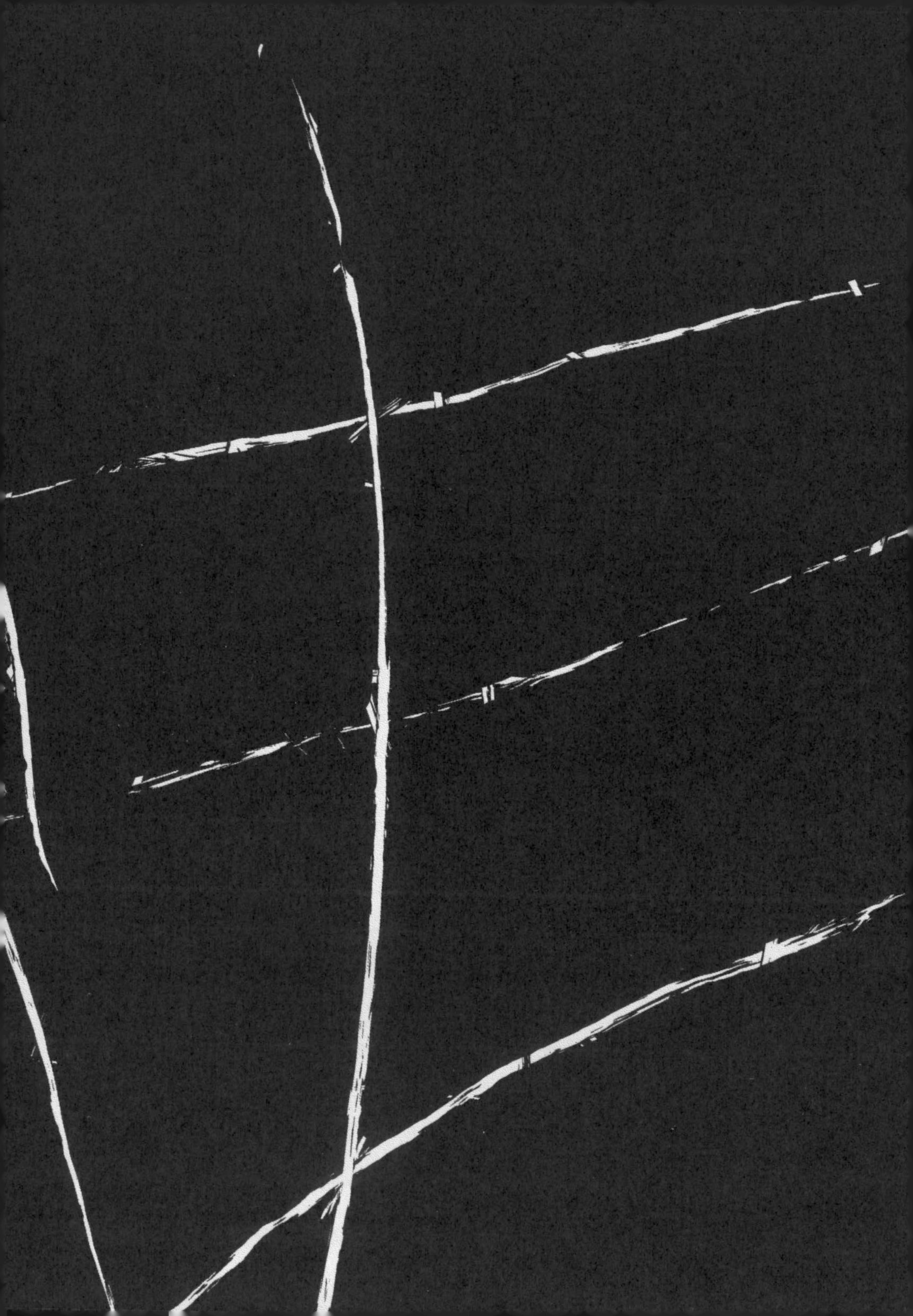

虧欠
THE INDEBTED

在天空即將轉藍的清晨時刻，街燈的燈光開始變得蒼白，正在照顧女兒的我看見有架飛機的身影明滅地劃過天空。我好想在那架飛機裡，好想身處於機艙陰暗光線內的淡白靜默中，並在耳裡塞著白色藍芽耳機，任由紐約的天際線逐漸從視野中退去，直到最後只剩嬰兒吐納般的虛弱光串。

在剛開始成為母親時，我對自己被封鎖在所住地區的程度感到極為痛恨，因為我再也無法獨自旅行，也不可能再說走就走。由於被困在陸地上，我只好一逮到機會就獨自跑去紅鉤區（Red Hook）的公共泳池游個幾趟，因為光是能夠待在水下就是一種自由。我曾試圖寫一篇關於這座泳池的文章，其中的開頭就是對紅鉤區公共泳池的真誠評價：跟足球場一樣大、空間足以容納各種孩子、十分可喜地供人免費入場，而且還有任人免費壓取的防曬乳機。

不過在廢除種族隔離的歷史道路上，公共泳池是引發人們最激烈辯論的地點之一。

在美國東岸，都市規劃專家羅伯特・摩西斯（Robert Moses）為了不讓黑人進入公共泳池，因此把大部分公共事業振興署（Works Progress Administration，簡稱ＷＰＡ）興建的泳池都規劃在紐約市白人居住的地區。有些南方城鎮甚至用水泥把泳池填起來，因為他們寧願剝奪所有人使用游泳池的權利也不想跟黑人一起共享泳池。我曾看過一張這種被填入水泥的游泳池照片，那裡現在已是某座公車站停車場的一部分，而能確認這裡曾是泳池的證明只有指出泳池深度為四又二分之一英尺的指標牌。過去在此游泳的人正是不停朝這片指標牌所標記的外圍邊線潑濺水花，不過時至今日，這片牌子看起來更像是塊墓碑。在匹茲堡，只要有黑人進入剛取消種族隔離規定的泳池，就會有一群來游泳的白人暴徒對他們丟石頭，或是嘗試害他們溺水。等到取消種族隔離成為無從避免的現實後，美國白人便逃去郊區建造屬於自己的私人泳池。

透過公共泳池這樣赤裸裸的案例，我們知道這個國家是多麼一心一意想把黑人和白人的身體隔絕開來，但我不太確定這段歷史是否跟我經歷的過去有關。我對這個主題感興趣是因為一個童年事件，可是對於把我的經歷跟某段歷史連結起來仍然感到尷尬，因為相對於黑人和白人早已銘刻在美國基礎建設中的種族隔離史，屬於我的那段歷史感覺起來只像一段軼事。那時十三歲的我像底棲生物一樣沉在泳池深處，直到終於無法再憋氣後才浮出水面，但就在浮出水面的那瞬間，我聽見一個成年人很大聲地說「**滾出去！**」我一邊踩水一邊瞇眼望向聲音的來源，結果看見一個背光的成年人剪影，他嚴厲地表示這座泳池只供此處居民使用。這裡是我嬸嬸位於橘郡（Orange County）的公寓大樓社區泳池，所以我告訴那個男人，我的嬸嬸和小堂弟正跟我妹妹在泳池較淺的那端，而我的嬸嬸和小堂弟就住在這裡，我則是來幫忙顧小孩的。他沒讓我把話說完，只是直接命令我們離開，就在泳池大門在我們身後喀搭一聲闔上時，我聽見他說：「他們現在真的到處都是。」

我們現在確實到處都是。我們已經占領橘郡。我們當中有些人甚至是橘郡當地的有錢家庭主婦。小說及電影《瘋狂亞洲富豪》（*Crazy Rich Asians*）有段討喜的開場戲，其中的重點是：如果你歧視我們，我們就會賺更多錢**買下**你們那座不讓我們進去的高檔旅館，讓資本主義作為種族主義的復仇手段。可是這難道不是白人收編我們的方法嗎？無論是透過復仇或是我們對他人感到虧欠而產生的感恩情緒，當我們在一個摧毀我們的系統中爬上高位時，我們又成為了誰？

我是用挑戰自我的心態開始寫這本書。由於我仍偏執地相信我的種族身分是微不足道又沒有迫切需要書寫的議題，所以必須撬開這種自我防衛的說詞，去看看湧動於其中的究竟是哪些意念。不過這件事比我想像的還要困難，執行起來就像把我的腦子去除後放在解剖台上切成兩半，並把所有產生抑制作用的神經都用鑷子拔掉一樣。此外，我還得滿足於這個「我們」的概念。我多希望能自信地使用這個「我們」去跟其他人對抗，就彷彿對「他們」一次吹響數千支作戰號角。可是我害怕我的經驗——東亞裔、專業階級、順性別女性、無神論者、逆向思維者——會導致一個面貌仍不明確的種族群體缺乏應有的均衡樣態，也因此懷疑我們之間是否有任何共享的語言。正是因為如此，退縮的我如同蝸牛的觸角遭到碰觸一樣，終究還是選擇不用這個第一人稱複數代名詞。

我還沒把我父親的戰爭故事說完。翻譯員認出我伯父其實是他學生時代的朋友後，立刻轉向美國士兵並開始用他們的陌生語言對話，於是就像變魔術一樣，那些美國大兵把槍放下，這讓我父親震懾於英文這種語言的力量。明明剛剛才嘗試把我祖父射死在他自己的家裡，現在這些高大傢伙卻從大背包中挖出一個藍色圓錫罐給我父親，裡頭裝的是「魔法酸球」牌（Charms Sour Balls）的硬糖。我父親把一堆包裹著細糖粒的櫻桃、檸檬和萊姆小糖球丟進嘴裡，然後因為如同在口中放煙火的各種口味而目瞪口呆。

不同土地上的受苦者都認識這種糖果。比如美軍在交火之後發放的是好時巧克力（Hershey's），展開突襲之前分送給大家的是M&Ms巧克力，至於從戰鬥直升機上灑下Dum Dums棒棒糖的時候，阿富汗的孩子們也會舉起雙臂跟在直升機後面跑。有時候糖果會被拿來當作耍花招的道具。在越南，無聊的哨兵會把糖果塞在帶刺的鐵絲網底下，之後就能看到街上的孩子為了伸手拿糖果而劃傷自己。至於更近期發生的事情是，有兩名美國海軍在把糖果送給四個伊拉克孩子時遭到一位自殺炸彈客突襲身亡，於是在二〇〇三年入侵伊拉克時，美國海軍因為相信這些糖帶有詛咒——比如檸檬糖球代表會有車輛故障，覆盆莓糖球代表有人會死亡——所以把野戰口糧中的魔法酸球糖果全部丟掉。一包包遭人拋棄的魔法酸球糖果因此散落在南伊拉克的路面上，而且沒有任何人願意去碰這些糖果。

可是這些南韓人的心卻被糖果收買了。

於是在用糖果於這片坑坑疤疤的土地上播種後，從糖果包裝紙中興起了資本主義和基督宗教。關於家鄉，詩人尹正敏（Emily Jungmin Yoon，音譯）寫道：「我們今日的城市就像墓地一樣充滿發亮的十字架。」

我總是在人生中感受到因為虧欠他人而必須「心懷感恩」的重量。我生來就是有所欠缺的，明明出生是為了要取代父母死去的兒子，我卻是個女兒，此後也隨著每個人生重大決定而持續在貶值，因為那些決定都不符合父母的期待。若是你因為感到虧欠他人而必須心懷感恩，那代表你必須永遠小心翼翼、節制自我、不能說不該說的話，還必須過著永遠無法由自己作主的受限人生。那些能在晚宴上自在主導場面的男性或女性總能說出很長的句子，其中還會出現刻意強調語氣的戲劇化停頓，因為他們確定不會有人在他們還沒想好怎麼講之前就插嘴，然而我總是對受邀參與活動心懷感激，也只敢偶爾快速說出濃縮後的簡短話語，這樣才有機會能在被打斷前說上一點話。

如果這些心懷感恩的亞裔移民認為他們是受惠於美國才擁有眼前的人生，他們的孩子也會認為他們之所以能在這裡討生活，是受惠於他們父母經歷過的苦難，於是這些心懷感恩的亞裔美國人成為了最適合新自由主義感召的對象。於是我接受自己必須獨力肩負起這歷史重擔，且必須是由我來補償父母曾造成的損失，為了達成這個目標，我必須證明我自己作為勞動力的價值，過程中還不能有任何怨言。

「因為感到虧欠而感恩」和「心存感謝」不是同一件事。羅斯・蓋伊（Ross Gay）在他的詩作中對生命中的微小時刻表示謝意，比如品嚐到無花果「天鵝絨般的心」，或是從生鏽的紅色幫浦中壓出沁涼的飲用水。他甚至對自己醜怪的腳表達謝意，雖然光腳的他還是會因為太過不自在而將「他的腳趾像二十隻鴕鳥一樣（埋）入沙裡」。所謂真正的感謝情緒，是讓自己在「此刻」的光芒中自在伸展開自我。那是一種幸福，我想。

因為感到虧欠而感恩的情緒聚焦的是未來。我會在好運如同一袋興奮的小狗降臨在我懷中時緊張起來。可是這些小狗是誰的？總之不會是我的吧！我不會把好運認定為一份禮物，而是我必須透過厄運分期償還的貸款。我敢打賭我之所以變成這樣一定是從小的教養出了問題——我總是無法克制又戰戰兢兢地表現出感恩的樣子。謝謝你為我犧牲了你的人生！所以為了回報，我也會為你犧牲我的人生！

我努力反抗這一切。然而，結果就是發展出最糟糕的人類特質：不知感恩。這本書同樣也是不知感恩的結果。如果要為自己辯解的話，我會說總是因為感到虧欠他人而感恩的作家通常只會寫出迎合他人的故事。我指的是那些因為感覺虧欠而感恩這個國家的人——相對來說，在那些人眼裡，我永遠都會是不知感恩的人。

我是幾年前才第一次看到河內山百合（Yuri Kochiyama）那張有名的照片。那張黑白照拍攝於一九六五年二月二十日，當時麥爾坎・X剛在奧杜邦舞廳遭到槍擊，癱倒在地上的他身邊圍滿試圖急救他的人，而在照看他的那群人當中，河內山百合是唯一沒有被裁切掉臉的人。她身穿黑色外套跪在地上，讓麥爾坎・X的頭靠在自己的大腿上。如果拉近一點看，我注意到她是用雙手撐住他的頭，身旁另一個女人則正在為了看清他的傷勢解開他的領帶。她看起來大概四十多歲，細瘦又多稜角的臉上戴著貓眼眼鏡。這個亞洲女人是誰？為什麼我會因為在這張照片中看到亞洲女性而感到驚訝？

就在一九二一年，河內山百合出生於加州聖佩德羅（San Pedro）一個日裔美國人的中產階級家庭。身為一名快樂又虔誠的基督徒青少女，她在鎮上白人較多的地區長大，之後的人生也可謂平淡無波——直到日本在一九四一年十二月七日轟炸了珍珠港。之後沒過多久，她那身體本來就很不好的父親因為遭人誤控進行間諜活動而入獄，並在那裡經歷了五週的拘留及審問，接著在獲釋後立刻死於醫院，死前還因為她從軍參戰的哥哥穿著美國軍服站在他的病床旁，因而幻想河內山百合的哥哥就是審訊他的人。等到她那病重的父親終於把注意力放到河內山百合身上時，他驚恐地問：「誰揍你了？」可是根本沒有人對她動手。

她的其他家人被轉移到傑羅姆（Jerome）這個地方，在阿肯色州的這片沼澤地區，政府建立了一座可以囚禁八千五百位日本拘留者的集中營。這些日本家庭被迫放棄現在估計總價值有六十億美金的財產和畢生積蓄，全部擠在冷風颼颼的碉堡中，而且這些碉堡建造得就像戰犯集中營。每個人都會被分發到一張稻草床墊和一條軍毯，嚴寒的冬天時沒有暖氣可用，室內當然也沒有抽水馬桶，所以如果有人半夜想上廁所就得踏著屋外的泥地抵達公廁，而且一路上還會被守衛塔上的燈光照著。不過儘管是在遭到拘留期間，河內山百合仍保持著幾近妄想的歡快精神，並在集中營組織為第二代日裔美國同胞士兵寫信的活動，這些士兵都是為了證明自己對美國人的愛國心而選擇入伍，但直到開始有大量信件被標上「收件者已過世」後退回，這個活動才終於停止。根據她的傳記作者黛安・藤野（Diane Fujino）表示，日裔美國軍人在德國達浩（Dachau）協助解放了三萬名倖存者，但諷刺的是，當時這些士兵在美國的家人都還被關在帶刺鐵絲網圍住的集中營內。

河內山百合一獲釋就回到聖佩德羅，但因為沒有人願意雇用「日本佬」，她就連一份服務生的工作都找不到。直到和丈夫一起搬到哈林區之後，她才開始理解自己的遭遇。在那之前，什麼都阻擋不了她的愛國心，就算聯邦調查局（FBI）毫無理由地把她父親抓進監獄、她父親因而過世，甚至是她的家人全數遭到拘留也無法改變她。她就是緊抓著她在白人教會及學校習得的迷思不放：美國是自由之地，而潛藏在這個信仰體系之外的一切都讓她恐懼。後來河內山百合終於在紐約找到一份服務生工作，她的黑人同事是第一個讓她明白美國種族歷史的人。最後，河內山百合有了可以訴說的語彙，也有了可以藉由這些語彙去理解的歷史脈絡，於是明白她所遭遇的不是噩夢一般的失常狀態，而是美國的常態。

河內山百合的樂觀也讓她成為一位不尋常的倡議人士。打從年輕時代開始，她就擁有能夠凝聚人心的超凡天賦。在和她的黑人鄰居及同事成為朋友後，她成為激情的民權運動者，後來也在一場抗議建築公司的雇用歧視的遊行現場認識了麥爾坎・X。他當時正被激動的粉絲圍繞著，可是一看見有位唯一的亞洲女性站在一旁就伸出手臂與她握手，但讓他驚訝的是，河內山百合質問他為何不主張種族融合。由於受到她的氣魄震攝，麥爾坎・X邀請她參加非裔美國團結組織（Organization of Afro-American Unity）的每週聚會，她在那裡變得更加激進，除了反對種族主義之外還開始反對資本主義。

河內山百合有一種想要幫助人的強烈衝動，而且非常堅持不讓自己成為注意力的中心，這項特質非常令人敬重，但也讓我不禁停下來思考、質疑她的無私是否繼承自所謂的亞洲以及女性特質。然而這種想法可能也透露出我早已內化的沙文主義傾向，以及我非常可預測的偏好：我更喜歡憂鬱的詩人或彌賽亞式的英雄，而不是像河內山百合這種總在幕後不眠不休工作的組織運動者。事實上，在一個身分認同彼此隔絕的時代，去推崇河內山百合的生活方式有其必要，因為她對「我們」的概念充滿孔隙、寬大包容，且她認定自己的使命是在放大自我聲量的同時也放大所有他者的聲量。她不眠不休地為監獄人權改革運動奮戰，她的家更是以作為黑人民運者的「中央車站」聞名；就連在一九七七年支持波多黎各獨立的占領自由女神像運動中，她也是那七名運動者之一。之後在一九八八年，她協助帶領日裔美國人要求政府針對拘留營一事正式致歉並賠償，之後也參與了接受美國政府歉意及補償的工作。

一九六八年，加州大學柏克萊分校的學生發明了「亞裔美國人」這個說法，藉此正式開啟了一個全新的政治身分認同。在受到黑人權力運動及反殖民運動影響而變得更激進之後，這些學生藉由這個新發明的名詞拒絕為「做自己」感到抱歉。我們其實很難想像亞裔美國人這個名詞是出自一個激進場合，因為這個稱號現在早已顯得扁平，其中缺乏任何鮮明的政治論述。可是在那之前是真的什麼都沒有：亞洲人不是用自己的原國籍來建立自我認同，就是被稱為「東方人」（Oriental）。倡議人士克里斯・飯島（Chris Iijima）曾說：「這個稱呼與其說是標記出一個人的本質，還不如說是標記出一個人的信念。」有些倡議人士因為深受黑豹黨（Black Panthers）的啟發，發展出像是紐約義和拳（I Wor Kuen）和舊金山紅衛兵黨（Red Guard Party）之類的團體，這些團體直接模仿了黑豹黨的風格特徵——臂章、貝雷帽——但同時也有發起自己的「十點計畫」，並透過這樣的計畫發送免費早餐給貧窮的華裔美國孩童。

這些人通常擁有菲律賓、日本和華人勞工階級的背景，其中從移民至此地的農夫到餐廳服務生都有，而他們對抗的不只是國內的種族主義，還有影響海外的美國帝國主義。他們當中的許多人都對主流白人的反戰運動感到幻滅，因為他們在乎的不只是「把我們的部隊帶回家」，還有海外每天都遭到殺戮的無數東南亞人。針對那段期間，歷史學家卡倫·石塚（Karen Ishizuka）寫道，那是「種族主義和帝國主義令人不快地聯手出擊，而且真的是空前絕後的事——這場戰爭讓美國的亞洲人團結起來，同時讓我們無論我們分屬什麼族群，（在這片土地上）看起來都更像是敵人而非美國人」。根據學者德里爾·J·前田（Daryl J. Maeda）指出，亞裔美國老兵表示他們常被其他美國大兵同袍羞辱、不當成人看待，反而本來應該是他們敵人的越南人卻常把他們當成自己人。在一九七七年由馬爾文·艾思庫達（Melvyn Escueta）創作的戲劇《蜂蜜桶》（*Honey Bucket*）中，有個越南老婦人摸了一位名叫安迪的美國士兵的黑色頭髮。她問：「一樣、一樣是越南人？」

「菲律賓人。嗯，來自菲律賓。」安迪說。

「一樣、一樣，都是越南人。」那位農婦非常有自信地又說了一次。

在大學的時候，我對藝術的興趣遠比對社會倡議濃厚，所以很晚才發現我們這段激進的歷史。我在學校唯一接觸到的相關元素，就是在圖書館裡快速掃過那排有關亞裔美國人社會運動的褪色書籍；那些早已死去的運動被埋葬在一本本枯燥無味的教科書中，從來也沒見過誰把這些書借去讀。不過，我還記得六〇及七〇年代的反種族主義運動是如何被斥為失敗的嘗試，當時的馬克思主義者不把那些奇卡諾人、亞裔美國人及美國原住民爭取權利的抗爭當成一回事，因為認定那些訴求都過度專注於特定族群，會導致左派被原子化後不再去思考階級這個核心議題，而在此同時，主流中心人士則將這些抗議斥為過於好鬥的運動，而且不只是白人這麼想，就連許多少數族群也認同。

在一九九六年《紐約時報》（*New York Times*）的一篇訪談中，河內山百合表示：「人民有暴力行動、造反及回擊的權利。而且考量美國及西方對第三世界所做的事……這些國家應該回擊。」就在這篇訪談刊出之後，大西哲光（Norimitsu Onishi）透過以下說法削弱了這段話的力道，他表示河內山百合「採取的是現在被認定為政治邊緣者的觀點」。

當時的我沒做任何功課就直接接受了這一切立論不明的觀點。反正無論他們的政治立場為何，我心想，總之都已經過時了。現在回想起來，在聽到夠多「專家」大言不慚地談起身分政治的無足輕重後，我不但沒把這些社運前輩的努力成果當一回事，而且拋到腦後的速度足以讓後來的自己感到憂心，但其實河內山百合所代表的國際及種族間的政治**絕非**無足輕重。這也讓我擔心起未來，我擔心這個國家與生俱來的遺忘能耐，也擔心獲勝的權力者會掌控敘事。時至今日，「覺醒」（woke）已是個會遭人嘲笑的標籤，但其實覺醒不是僅此一次的覺悟，而是一個持續重新評估自己的長期投入過程。為本書作結時，我想到這個議題領域中早已擠滿警告我們即將面臨末日的專家，那麼我又可以對未來提供什麼樣的解方？我可以說的是：去回顧歷史上那失落的一頁，河內山百合在當時就已為我們提供了一個彼此互助、結盟的另類模式。他們早已為我們提供了別的可行方法。

來個思想實驗吧：要是每次白人對非白人大吼著要他們滾回「（視情況插入一個國家或大陸）」，而他們也每次都能實現願望呢？一定會出現很多混亂的情況吧。比如厄瓜多人會發現自己出現在墨西哥，我也可能發現自己出現在中國。但要是他們沒搞錯，於是我發現自己瞬間移動到首爾呢？

我曾在二〇〇八年回到首爾，之後就沒再回去過，那次的我是回去拜訪我的外婆。當時已經一百歲的她正在一間可怕的療養院中逐漸死去，我直到現在想起那間療養院都無法不生家人的氣，因為那間療養院就像地獄，不但牆壁都是粉紅色的，還整天播放著由孩童演唱的一系列詭異教會歌曲。療養院的每個房間內都塞了十個老人，每個老人總是可憐兮兮地盼望孩子能來拜訪自己。由於其他親戚都已經老到無法應付我外婆的失智問題，我妹妹曾回去照顧她一年。「我想在家人拋棄變老的我之前死掉。」我外婆以前會這樣說。

我無法住在首爾。那不是個適合女人居住的地方。許多女性透過整形手術將她們天生的蒙古寬臉縮小成刷白的倒吊水滴臉。教育體制也冷酷無情。一九九七年，國際貨幣基金組織（International Monetary Fund，簡稱ＩＭＦ）用五百八十億美金的貸款為可能帶來嚴重後果的南韓金融危機紓困，但也讓這個國家同意開放市場給外資進入並減緩勞動市場的改革力道，好讓雇用及開除員工變得更容易；另外，為了讓美國汽車得以進口到南韓，韓國也放寬了碳排放量的標準。於是現在的實際薪資已經凍漲，失業的情況已相當危殆。大學畢業生把他們的國家稱為「地獄朝鮮」（Hell Chosun），而朝鮮正是個充滿壓迫且以封建階級系統為主的朝代。此外正有種以極細微塵組成的霧霾籠罩住首爾，這樣的塵粒無法為肉眼所見，但人們可以隱約在喉頭感覺到，而且會造成包括癌症在內的長期健康問題。在特定的月分，韓國人如果真的必須出門都得戴上外科用口罩，可是即便這麼做也不足以保護他們。

那就對你住在美國心存感激。

車學敬曾寫道：「停止這台標榜實行民主但卻造成她折射的機器。」若要說西方留下最具有傷害性的遺產，那始終是源自西方決定我們該把誰視為敵人的權力。他們不只讓我們與自己人敵對，例如北韓和南韓，還讓我們將自己視為敵人。

我是在首爾度過我的二十八歲生日，我在我妹妹的小公寓和我們新認識的四個韓國朋友一起慶祝。這些朋友都是噪音音樂家，我曾和妹妹去位於小巷的酒吧看他們演出，那時他們當中的其中一人坐在台上的折疊椅上敲打筆記型電腦，於是有嗡嗚聲持續從音響系統傳出，偶爾還交雜著清脆短音、刮擦音，還有鼓點的音效。等我們都在我妹妹家喝醉後，他們提議要玩喝酒遊戲，於是我建議玩「我從來沒有……」。在這個遊戲中，人們會輪流提出自己從未做過的事，其他人要是做過這件事就必須喝酒。這個遊戲通常會以稍微有點令人難堪的事件起頭（比如「我從來沒有在淋浴時尿尿」），之後大家說的事件會突然變得過度坦率且往往和性事有關。我想說我可以用一個蠢問題開頭，好讓他們可以先進入狀況，但其中一個留著在二十一世紀初重新流行起來的嬉皮風胭脂魚髮型、耳垂上戴著黑色耳洞環並自稱「魚」的音樂家宣布由他來起頭。他舉起手上的小燒酒杯。

「我從來沒有嘗試自殺。」他說，然後喝光杯中的酒。

其他音樂家彼此敲杯，每個人都喝光手上的酒，之後這遊戲眼看玩不下去了，所以我們就停在這裡。

我之所以提起韓國是為了催毀**此地**和**彼方**之間的距離。也許正如那些倡議人士以前所說：「我現在會在這裡，就是因為你們曾在那裡。」

我現在會在這裡，就是因為你們將我的祖國分剖為兩半。一九四五年時，兩個對這國家一無所知又笨手笨腳的中階美國軍官以一張《國家地理雜誌》（*National Geographic*）的地圖作為參考基準，用一條邊界武斷地將韓國切分為北韓和南韓，並因此拆散了數百萬個家庭，我的外婆就是因此和家族分開的人之一。之後在所謂「解放」的大旗之下，美國在我們小小的國家投下大量炸彈和凝固汽油彈，其數量比他們在二戰時對抗日本的太平洋行動投下的還多。有個關於韓戰但幾乎沒人知道的驚人事實是，曾有位美國外科醫生大衛・勞夫・米勒（David Ralph Millard）被派駐在韓國治療燒傷傷患，他為了讓亞洲人變得更像西方人而發明出割雙眼皮的技術，甚至還在韓國的性工作者身上測試這個手術，好讓她們在美國大兵的眼裡變得更有吸引力，而現在這已經是在南韓最受歡迎的整形手術。我的祖國只是一個小小的例子，畢竟你們還透過永無止盡的戰爭，以及幾乎只讓美國股東變得富有的跨國資本主義，從菲律賓、緬甸、宏都拉斯、墨西哥、伊拉克、阿富汗、奈及利亞、薩爾瓦多，以及許許多多的國家偷走無數的生命及資源。所以別跟我談什麼心懷感激。

我從來不滿足於那些移民愛談的話題，比如「沒有歸屬感」或「感覺像是卡在兩種身分之間」，我覺得那些說法僵化又粗淺，彷彿只要能擁有正確的導航系統就能找到自我定位。可是我也理解那種想要尋求某種自我神話根源的渴求，就算是透過別人告訴我們的故事所塑造出的神話也好，這也是為什麼我一直回到我記憶中的首爾、回到對大多數人來說模糊不清但對少數人來說再清楚不過的歷史事實，並為了將我的感受合理化而嘗試找到更強而有力的觀點。在首爾，我仍然覺得自己像是被劈成兩半，但至少不是被簡化為美國人常談論的廣泛話題。至少我有把法蘭茲．法農談過的「情結軍火庫」[1]赤裸呈現出來。

我一回到美國就感覺空氣稀薄，呼吸也開始變淺。正如學者朱世英（Seo-Young Chu，音譯）所說：我感覺像是被重新流放回恐怖谷，並在這裡回到我的矽膠模具中，透過我的單眼皮往外望向這個世界。成為一個作家就是在這個「自我」中裝入內容，也是讓我代表所有其他亞裔美國人變得更有人性，並跟美國文化更為密切相關。可是這樣做對我來說並不夠。

對任何和英文這種語言關係緊張的人來說，詩歌是一種寬容的媒介。就像會口吃的人能藉由唱歌將字詞完美發音出來，移民作家也能透過詩歌寫出美好英文。詩人露伊絲・葛綠珂（Louise Glück）將抒情詩描述為一座廢墟，而作為廢墟的抒情詩正是用來探索種族處境的最理想形式，因為若要捕捉我們那無法訴說的失落，可以透過的媒介正是藉由大量沉默打造而來且文法並不完整的抒情詩句。我所依賴的正是這些沉默，或許是太過依賴了，但我確實依賴這些沉默為那些苦難留下空白，因為如果沒有這些空白，所有苦難就會被文字簡化。「在知識資本中變得有形實在太可怕了。」詩人喬斯・查爾斯（Jos Charles）這麼說。我以前覺得寧可為我的痛苦留白，也不要輕易為了消費這份痛

1 譯注：引用自《黑皮膚，白面具》（*Peau Noire, Masques Blancs*）第一章：「我們要幫助黑人從殖民情境所產生的情結軍火庫中自我解放。」繁中版由心靈工坊出版，陳瑞樺譯。

苦而將其召喚出來。可是在將這一切化為文章的同時，為了嘗試剖析我對種族身分認同的感受，我必須將這片沉默搖出喧嘩聲響。然而在以作家身分檢視這個議題的同時，我卻也擔憂可能在過程中屈服於自己所設下的限制。

我們各自為自己設下的種族限制讓我們彼此隔絕，並迫使我們認定自己經歷的特殊困境只跟我們族群的人有關，這也是為什麼只讓我自己代表其他亞裔美國人變得更有人性對我來說還不夠。我想摧毀的是同一標準的普遍性，我想將其徹底扯爛。真正普遍的不是白人性，而是我們受限的處境，因為我們才是全球中的大多數人。我在這裡所說的「我們」，指的是非白人、那些之前的受殖民者，還有像是美國原住民這樣的倖存者，他們的祖先已體驗過他們的末日，至於此刻正經歷末日的這些移民及難民，他們正在逃離的也是西方帝國帶來氣候變遷而導致的乾旱、水患以及幫派暴力。

在好萊塢，白人已開始透過想像**他們自己**在未來成為奴隸和難民，來大量生產一些反烏托邦的奇幻作品。在作為續集的《銀翼殺手２０４９》（*Blade Runner 2049*）

中，霓虹招牌時不時閃爍出日文和韓文，壞人還身穿解構式和服，但片中除了一名美甲師之外看不到任何亞洲人的影子。我們在此終於徹底消失了。那些包括雷恩．葛斯林（Ryan Gosling）在內的奴隸都是同一個模子印出來的漂亮白人。至於孤兒院內大量正在拆解廢棄電路板的年輕白人男孩場景，則根本是直接從今日的印度德里複製貼上，當地的印度童工就是一邊受到汞毒物殘害一邊拆解著堆積如山的電子廢棄物。《銀翼殺手2049》就是用科幻電影反映出某種奇思妙想的例子：白人害怕他們對黑色及棕色皮膚人種犯下的罪行終將十倍奉還到自己身上，所以決定先幻想出自己的殞落，以作為確保白人種族永遠不會殞落的預防性措施。

在肯．伯恩斯（Ken Burns）和林恩．諾維克（Lynn Novick）拍攝的十八小時紀錄片《越戰》（*The Vietnam War*）中，他們採訪了一位日裔美籍老兵文森．H．岡本（Vincent H. Okamoto），他是軍中的一位排長。就跟河內山百合一樣，岡本也曾在剛成為青少年時被囚禁在日本人拘留營中。由於他的六個兄弟全數從軍，其中兩位參加的是第二次世界大戰、一位參加的是韓戰，所以他決定追隨家人腳步參軍並到越南作戰。

岡本的第一個任務是要搜索躲在距離西貢十四英里外郊區的越共士兵。在進行了好幾小時毫無成果的搜索工作之後，他命令手下在附近的一座村莊休息吃午餐。他找到一間因為蒸煮米飯而飄出熟悉氣味的小屋，突然之間思念起家裡母親煮的飯，畢竟他已經好幾個月沒吃到米飯了。岡本請翻譯員去詢問小屋中正在煮飯的老婦人，表示想用香菸和壓縮口糧中的罐頭火雞肉和她交換一碗飯。她為他做了有飯、有魚，還有蔬菜的一餐，他在狼吞虎嚥地吞下後又不停續加白飯。

「你不用把他們的飯全吃完吧，他們本來就已經夠窮了好嗎？」一名士兵斥責他。

「他們有的飯足以餵飽十幾個人啦。」岡本回應。

然後他突然停止動作。為什麼一個老婦人和她的孫兒女需要這麼多飯？他問那個女人：「這些飯是要煮給誰吃的？」但她只是不停透過翻譯員回答：「我不知道。」他下令部隊搜索她的家，終於在一片稻草底下找到一條祕密隧道。岡本把一個磷光手榴彈丟進去，等手榴彈爆炸之後從中拖出七、八具焦黑且難以辨識的死屍。「幹得好啊。」連指揮長對他說。那個用飯餵飽他的女人跌坐在地，開始大聲嚎哭。

叛徒，我心想。

我的腦中始終迴盪著那個詞。我覺得他很噁心，尤其他在訴說這個故事時還用了平淡、中性又毫無感情的口氣。可是我錯了。他不是叛徒。他是在為美國作戰。他只是在做他該做的事。事實上，他在明知會有數百萬人觀看的系列紀錄片中說出這個故事，可能也是為了要表達自己的懊悔。

看完紀錄片的我最後還是無法感到滿意。兩位導演宣稱這系列紀錄片展現出戰爭兩造的觀點，但主要還是環繞著美國老兵承受的創傷，其中沒有任何越南平民在戰爭中失去家人或財產的傷痛故事，也沒有我迫切想知道的越共女兵經歷——我曾在資料中讀過，六〇、七〇年代的亞裔美國女性主義運動者將這些女兵推崇為反抗強權的楷模。雖然我一開始也不抱什麼期待，但這系列紀錄片對於幫助美國的外國盟友幾乎沒有任何描述，其中我想到的特別是南韓，因為南韓在九年越戰期間於越南部署了三十萬兵力。南韓在當時是世界上最貧窮的國家之一，為了促進經濟發展還得向外界要求金援，而且由於美國在韓戰期間將他們從共產敵人的手中救出來，他們也還虧欠美國人情。當時的獨裁者朴正熙（Park Chung-Hee）就說：「我們因為虧欠自由世界的歷史債務而在進行道德還款。」

我可以從街角自行挑配花束的店面買花開始寫起，可是只要給我足夠的頁數——兩頁、二十頁，或者是一百頁——無論中間發生什麼事，最後暴力終究會充斥在我的想像中。我曾嘗試書寫純粹有關平凡日常的詩歌和文章，努力將平靜無波的一天不停翻來覆去地寫，讓成果就像一顆在陽光中被打磨到發光的卵石，並藉這顆石頭去對時間之流清脆地提出形上探問。現下是晚春時節。我去幼稚園接女兒下課後一起走路回家，沿途一同欣賞著盛開洋蔥花的完美紫色球體。我的丈夫負責做晚餐。有時我們會把晚餐帶到屋頂上，一邊吃一邊欣賞遠方的火車以及太陽的血橙色澤逐漸滲透入雲朵。

我寫下每日生活的固定行程，我的人生因為行程太過固定而擁有反思的餘裕。但我是因為誰付出了什麼樣的代價才能擁有這樣的人生？我是因為多少的傷亡才能獲得這麼安全的生活？我沒經歷過日本占領下的韓國、韓戰，也沒見識到獨裁者如何用從日本人及戰爭中習得的技巧來折磨異議分子，但我仍是那些沒時間復原之人的後代，他們沒有時間、也不被允許去進行任何反思。許多年輕的南韓士兵幾乎尚未從韓戰中復原就得前往越南償還他們虧欠美國的歷史債務，這些人是被指派去「安撫鄉下」的地面部隊，然而他們卻在那裡無差別地強暴、謀殺當地平民。他們想要報復的熱烈情感極為狂躁，只要有名士兵被來自某座村莊的不知名狙擊手射殺身亡，他們就會回去燒掉整座村莊。在河美村（Hà My），南韓部隊殺害了一百三十五位平民，其中包括嬰兒和老人；另外他們在平和（Bình Hòa）一地造成了四百三十人死亡，在平安（Bình An）則有超過一千位平民因為他們而死去。最後根據統計有八千位平民死在南韓人手下。不過就跟所有戰爭中的平民傷亡數字一樣，這並不是精確的計算結果。

我無法徹底擺脫這種因為感到虧欠而感恩的心境。畢竟我虧欠在我之前奮鬥過的倡議人士。我也虧欠車學敬。我寧願做一個因為感到虧欠而感恩的人，也不願成為那種認定全世界都欠我的白人男性，因為任何人若想過著符合倫理的生活都必須對歷史負責。我也虧欠我的父母，但若是繼續追求低調的人生，或是那個盡可能累積財富的私有化夢想，我沒有辦法回報他們。我母親幾乎每天都要求我感謝她，而且幾乎每週都會提起我們之所以搬來這裡是為了讓我不用受苦。然後她會問：「你為什麼要讓自己過得那麼苦？」

「到了未來，白人至上主義的存續不再需要白人。」藝術家洛林．奧格雷迪（Lorraine O'Grady）在二〇一八年時這麼說，這個對未來的預測至少在表面上看來和詹姆斯．鮑德溫（James Baldwin）五十年前說的話相反，畢竟當時他說的是「屬於白人的太陽已經下山」。所以到底誰說的對？誰的預測又會實現？身為一名亞裔美國人，我感覺鮑德溫的說法賦予我勇氣，可是奧格雷迪的話在我腦中揮之不去，並讓我成為脫不了關係的共犯。我在她的話語中聽到一絲真實，這也讓我更迫切地想完成這本書。白人已在造就大屠殺的戰爭中徵召我們成為菜鳥合夥人、延攬我們加入反黑人及膚色歧視主義者的行列，而且還讓我們去為那些把移民工作像麥穗一樣大片砍掉的公司工作，甚至是讓我們主導這些刪減工作的計畫。這種收編動作每天都在我們沒有意識的狀態下進行，而對我們這些生活過得相對舒適的人而言，除非有努力做出不同選擇，不然受到收編就會成為我們默認的生活方式。

除非被標記為穆斯林或跨性別者，不然亞裔美國人很幸運地並未受到強硬監控，但我們仍活在一個較為軟性的環形監獄中，其力量因為相對幽微而遭到內化，並讓我們開始進行自我監控，其特徵就是讓我們只能在特定條件下存在於這個社會。就算我們已經在此地生活了四代，我們在這裡的地位卻仍必須符合特定條件才得以成立。我們總是只差一點就能擁有「歸屬感」，這個社會承諾我們可以永無止盡地追求實質上的歸屬，並讓我們相信終將會在被納入主流社會後獲得心靈平靜，於是我們一直在為此努力拿出好表現。但如果亞裔美國人的意識必須獲得解放，我們就得要讓自己脫離這種有條件的存在處境。

可是這又代表什麼意思？這代表我們要讓自己過得很苦，以確保前人的努力有延續下來嗎？還是我們只需要對自己的受苦有所覺醒？對此，我只能透過他人採取的行動來回答。此外，即便在這個歷史已遭到數位資料庫吞噬、我們也已經永遠不需要記住過去的時代，我也仍在書寫。目前政府當局有計畫要重啟奧克拉荷馬州的日本人拘留營，並在裡面塞滿拉丁美洲人的孩子，因此有一小群日本人拘留營的倖存者每天都在抗議這個重啟計畫。我以前總是漫無目的地猜想這些拘留營的倖存者到底發生了什麼事？為什麼他們消失了？怎麼會沒有人站出來發聲？然而在一場遊行中，抗議人士湯姆・池田（Tom Ikeda）是這麼說的：「今天的我們必須成為那些脆弱社群的盟友，也就是日裔美國人在一九四二年時沒得到的盟友。」

我們一直在這裡。

致謝

謝謝我的經紀人ＰＪ・馬克（PJ Mark），他驚人地慷慨、聰明，而且精明。謝謝我的編輯維克多利・松井（Victory Matsui），如果沒有松井充滿同情心的嚴格帶領，我不可能在無人引導的情況下將自己逼到脆弱崩潰的邊緣。謝謝克里斯・傑克森（Chris Jackson）發起「世界一家」（One World）出版社，讓有色人種作家能有回家的感覺。感謝約翰・車（John Cha）、普拉吉塔・夏瑪（Prageeta Sharma）和珊蒂・弗利特曼－路易斯（Sandy Flitterman-Lewis）和我分享他們的故事，以及他們為此付出的時間及勇氣。

特別感謝亞當・謝克特（Adam Shecter）以關懷及真誠的態度為我讀過無數版本的草稿。另外還要感謝許多人的建議、協助，還有不可或缺的對談幫助我使這本書成形，為此我要感謝梅根・歐羅克（Meghan O'Rourke）、伊德拉・諾維（Idra Novey）、莫妮卡・允（Monica Youn）、劉艾真（Jen Liu）、法里德・馬圖克（Farid Matuk）、尤拉・

畢斯（Eula Biss）、瑪姬・尼爾森（Maggie Nelson）、伊維・肖克利（Evie Shockley）、奈爾・弗瑞登伯格（Nell Freudenberger）、吉塔・史瓦茲（Ghita Schwarz）、克里斯・陳（Chris Chen）、克勞迪婭・蘭金（Claudia Rankine）、喬・溫特（Joe Winter）、茱莉・奧林格（Julie Orringer）、陳聖為（Ken Chen）、雀爾西・強森（Chelsey Johnson）、馬萊娜・沃特勞斯（Malena Watrous）、崔西・西蒙（Tracey Simon）；我以前的導師卡爾・貝丹特（Cal Bedient）、瑪莎・科林斯（Martha Collins）和金明美（Myung Mi Kim）；還有我的同事里戈貝托・岡薩雷斯（Rigoberto González）、布倫達・肖內西（Brenda Shaughnessy）、約翰・基恩（John Keene）以及潔恩・安・菲利浦斯（Jayne Anne Phillips）。我也想感謝「種族想像學院」（Racial Imaginary Institute）的評議委員會、我在羅格斯大學—紐瓦克創意寫作學程（Rutgers University–Newark MFA program）中「種族與創新研討課」（Race and Innovation）上的學生（這部作品中的一些想法孕育自此），以及《新共和》（*New Republic*）雙週刊的編輯們。我也想感謝那些我從未有機會見面（或只見過一次）但其想法對本書極有幫助的作家及學者：倪茜安（Sianne Ngai）、勞倫・貝蘭特（Lauren Berlant）、黛安・藤野（Diane Fujino）、阮越清（Viet

Thanh Nguyen）、阿赫美（Sara Ahmed）、凱瑟琳・邦德・斯托克頓（Kathryn Bond Stockton）、羅賓・伯恩斯坦（Robin Bernstein）、葛蘭達・卡皮亞（Glenda Carpio）、茱蒂斯・巴特勒（Judith Butler）、莎娣雅・哈特曼（Saidiya Hartman）和洛林・奧格雷迪（Lorraine O'Grady）。我尤其感謝溫德姆—坎貝爾獎（Windham-Campbell Prize）、馬爾法市（Marfa）的蘭南駐村計畫（Lannan Residency）、麥克道威爾文藝營（MacDowell Colony）、丹尼斯頓丘駐村計畫（Denniston Hill），還有古根漢基金會（Guggenheim Foundation）讓我擁有足以書寫本書的資源及時間。

感謝總是陪伴我、支持我成為作家的父母。感謝我的妹妹南西（Nancy）給我的鼓勵和各種心意。最後感謝摩爾斯（Mores），如果沒有他的支持、耐心、幽默感及愛，我不可能寫出這本書。

譯後記

失語、白色，以及「我們」

葉佳怡／本書譯者

亞裔美國人的處境跟我們有什麼關係呢？我們確實都有著亞洲背景，但又如此不同，認識他們的身分認同政治對我們有幫助嗎？當然有，畢竟現今的世界秩序有大半奠基於冷戰遺緒。根據洪朴凱西的說法，在美國移民離開的那些亞洲國家中，「我們的家族血脈都遭到西方資本主義、戰爭，以及由美國操縱或支持的獨裁政權所斬斷」，導致冷戰可能以各種形式纏繞在這些人的生命史中，並形成一種難以被看見的生命處境，而其中累積的負面元素就是所謂的「少數者感受」。那當然，身處亞洲的亞洲人並非少數，但也繼承了不同的冷戰遺產。

失敗時刻

任何國家的建國故事都會推崇成功者，而「美國夢」的特質更會進一步強調所有苦難都能換來報償，然而移民往往必須面對太多不被看見的「失敗時刻」。洪朴凱西在《我受傷，故而我存在》中談到一位黑人喜劇演員李察．普瑞爾，他擅長透過幽默釋放出黑人族群在美國白人主流世界中的憤怒。

我最近喜歡的一個亞裔站立喜劇演員岡塚敦子（Atsuko Okatsuka）也極度擅長此道。有一次她提到，自己小時曾和母親及外婆一起搭乘環球影城的ET冒險列車，但最後ET和她們道別時只能正常讀出母親Linda的名字，卻無法讀出外婆的台灣名及她的日本名，因此發出像是當機的雜音。「我們弄壞了ET！」她在台上大喊，台下觀眾爆笑出聲。可是當這個段子放在IG上時，我們看到許多不同族裔的美國人在下面留言：「我小時候去玩的時候，ET也讀不出我的名字！」

表面上看來，這是ET的失敗，但實際上我們都知道，這是所謂「少數者」反覆在美國社會中感到失敗的一個例子。

用失語反擊

不過身為譯者及寫作者，翻譯《我受傷，故而我存在》最有體會的地方還是洪朴凱西如何透過自己及描寫他人的創作，去說明這些失語時刻足以進行的反擊。書中描述她和幾個藝術系同學的友誼及韓裔美籍詩人車學敬都是很好的例子。

如果談回台灣，位於台北市齊東街日式宿舍建築群的「台灣文學基地」曾有一位駐村作家王學慧（Laura Wang），她的爺爺是在一九四九年從上海移民到美國，而她則在新冠疫情期間為了理解爺爺的過去來到台灣。她在台北學插花，但很難記住與插花相關的中文詞彙與花名，只好用更多的五感去彌補這些缺憾，並試圖透過這個過程去理解爺爺曾在美國的生存處境。為此，她要寫一篇有關她在台灣如何失語的散文，而這也可以說是冷戰遺緒介入個人生命而觸發的創作。

至於在討論車學敬留下的詩作和影像作品時，洪朴凱西談到她常在創作中身穿一身白衣，那是一種非常壓抑的顏色，在韓國文化中象徵死亡，同時也呼應她對女性殉道者的執迷：「比起肉體的感官性存在，她對肉體的被抹消更感興趣」，而這也讓我想到韓江的作品《白》。在《白》這部如同夢囈的作品中，韓江來到華沙駐村，不熟當地語言的她當然也陷入失語的空白狀態；她把華沙稱為「白色的都市」，因為在冷戰正式展開前的醞釀期，這座城市遭到德國納粹轟炸移平，導致所有建築在韓江拜訪的當下只有七十年歷史；而當她看見窗戶上凍結的霜花時，又想到在韓戰期間的越北作家朴泰遠，他在長女出生時也是看著窗戶上的霜花為孩子命名的：雪英，雪之花。於是在她這部充滿詩意的拼貼作品中，白是一種缺乏，但也是一種見證。

如果談到這種失語的白，我還會想到陳千武的小說。在日治時期長大的他學習的都是日語，原本的創作也是使用日語，等到中華民國政府統治台灣後，他花了十三年重新學習一種語言，終於才能用中文創作。但即便是花費了這麼長的時間，你在讀他的中文小說時，仍會看到一些交纏著日文文法的顛簸，但那樣的處於語言之間的孔隙卻又如此飽滿，同時乘載著歷史及批判的重量。

「我們」的各種可能性

二〇二三年的電影《之前的我們》是韓裔美籍導演席琳．宋（Celine Song）的作品。她在其中訴說了一個女孩在小學畢業前便從南韓移民到加拿大，之後又到美國追尋編劇事業的故事。故事描述女主角如何努力讓自己變成美國人，甚至為此下意識壓抑自己去接觸韓國文化。雖然這部電影主要談的不是種族主義，可是當女主角在說明自己其實更像美國人，並下意識批評了在韓國長大的青梅竹馬太過「韓國人」的一些保守價值時，其實也反映出洪朴凱西文章中那種亞裔美國人內化了白人視角的描述。

更有趣的是，《之前的我們》的英文原片名為Past Lives，此名將女主角在韓國的人生比喻為前世，但在翻譯成「之前的我們」之後，卻意外在此觸發了其他意涵。比如對大多台灣觀眾來說，基於故事中鋪排的某種「戀愛」敘事，這裡的「我們」指的是女主角與兒時的情人，但如果對照《我受傷，故而我存在》的內容，這裡的「我們」可以是所有亞裔移民。「亞裔美國人」這個名詞的出現本來就是一種政治訴求，其中充滿來自不同國家的文化及彼此衝突的差異性，但共同的地方在於他們的「前世」都有著美國留下的痕跡，又或者都在試圖變成美國人的過程中留下創傷。

至於讀者跟這裡的「我們」又存在著什麼樣的關係？亞洲人身處亞洲及美國的立場差異又是什麼？在後冷戰仍看不見盡頭的此刻，就算你不百分之百同意洪朴凱西的說法，相信也可以透過梳理家族生命史的方式，從中找到一些幽微的對照與連結。

〔identity〕005

我受傷，故而我存在 關於種族創傷，亞裔美國人的少數者感受

Minor Feelings: An Asian American Reckoning

作者 洪朴凱西（Cathy Park Hong）
譯者 葉佳怡
副總編輯 洪源鴻
責任編輯 柯雅云
封面設計 傅文豪
內文排版 宸遠彩藝

出版 二十張出版／遠足文化事業股份有限公司
發行 遠足文化事業股份有限公司（讀書共和國出版集團）
地址 新北市新店區民權路108-2號9樓
電話 02・2218・1417
傳真 02・2218・8057
客服專線 0800・221029
信箱 akker2022@gmail.com
Facebook facebook.com/akker.fans
法律顧問 華洋法律事務所／蘇文生律師
印刷 前進彩藝有限公司
裝訂 祥譽裝訂有限公司
出版 二〇二三年十一月——初版一刷
定價 四五〇元

ISBN ｜ 978-626-97710-0-4（平裝）、978-626-97710-1-1（ePub）、978-626-97710-2-8（PDF）

Minor Feelings: An Asian American Reckoning
Copyright © 2020 by Cathy Park Hong
This edition arranged with Janklow & Nesbit Associates through Bardon-Chinese Media Agency
Complex Chinese edition copyright © 2023 by Akker Publishing, an Imprint of Walkers Cultural Enterprise Ltd.
ALL RIGHTS RESERVED.

我受傷，故而我存在：關於種族創傷，亞裔美國人的少數者感受
洪朴凱西（Cathy Park Hong）著／葉佳怡譯
初版／新北市／二十張出版／遠足文化事業股份有限公司
2023.11／320 面／14.8 x 21 公分
譯自：Minor Feelings: An Asian American Reckoning
ISBN：978-626-97710-0-4（平裝）
1. 洪朴（Hong, Cathy Park） 2. 傳記
785.28 112013648

» 版權所有，翻印必究。本書如有缺頁、破損、裝訂錯誤，請寄回更換
» 歡迎團體訂購，另有優惠。請電洽業務部 02・22218・1417 ext 1124
» 本書言論內容，不代表本公司／出版集團之立場或意見，文責由作者自行承擔